日蓮大聖人
年譜

日蓮大聖人年譜編纂委員会・編

第三文明社

序文

日蓮大聖人の思想とその生涯は、新世紀を生きる私たちに、人間としての生き方とあるべき社会変革のための方途《ほうと》を示していると考えます。

大聖人に関する学術研究が進展しつつある今日、大聖人の生涯を理解するために必要な年《ねん》譜《ぷ》の作成が大いに期待されてきました。そこで、私たちは、これまでの学術研究の成果を可能な限り参照しながら、日蓮大聖人年譜の作成に取り組むことを決め、今回の発刊となりました。

この年譜の特色は、大聖人の生涯の事績《じせき》と当時の社会の動きを年譜としてまとめるとともに、重要な語句については解説を付《ふ》し、さらに図表や地図などを示すことによって、大聖人の生涯とその思想がやさしく理解できるよう工夫したことにあります。巻末には索引《さくいん》も付し、簡略《かんりゃく》な辞書として利用することも可能です。

その結果、これまでの年譜とは異なり、歴史のなかの大聖人を学ぶことのできる年譜になったと思います。そして、本格的なより深い御書の研鑽《けんさん》に本書が寄与できるなら、それは執筆者一同の望外《ぼうがい》のしあわせであります。

平成十二年十月二日

日蓮大聖人年譜編纂委員会

日蓮大聖人 年譜 ●目次

序文 ……………… 1

年譜 ……………… 6

索引
- ●索引 ……………… 238
- ●図表・地図・コラム索引 ……………… 234
- ●御書索引 ……………… 233

※索引全体 238

《凡例》

一、本書は、できるかぎり、ふりがなを付けるようにした。しかし、語句によって何通りかの読み方があるため、以下の方針に基づいてふりがなを付けた。①御書に関する用語（題号・門下名など）は『仏教哲学大辞典・第三版』（創価学会）に拠り、②歴史用語については、『日本史広辞典』（山川出版社）、『鎌倉・室町人名事典』（新人物往来社）に拠った。

一、日付は原則として旧暦表記である。新暦（グレゴリオ暦）とは一カ月弱～一カ月半強のずれがある（建長5年4月28日〈立教開宗〉＝1253年6月2日など、新暦があとになる）。また、当時の西暦はユリウス暦であり、十三世紀は現在のグレゴリオ暦より七日程度早かった（ユリウス暦1241年4月9日〈ワールシュタットの戦い〉＝グレゴリオ暦4月16日）。

一、年齢は数え年表記である。生まれた時点で一歳とし、元日を迎えるたびに一歳ずつ加える。

一、「日蓮大聖人事績」および「社会の動き」の欄にある漢数字の頁数は『新編日蓮大聖人御書全集』（創価学会版）の頁数を示す。

日蓮大聖人　年譜

1221 承久《じょうきゅう》三年（辛巳《かのとみ》）

日蓮大聖人事績

社会の動き

3月 **蒙古《もうこ》**軍、イラン北東部のニシャプールを占領（イスラーム国ホラズム・シャー朝攻略）

5・14 **後鳥羽《ごとば》上皇**、**北条義時《よしとき》**追討《ついとう》の兵を召集する。**承久《じょうきゅう》の乱**、始まる（御書一二八二頁）

5・15 後鳥羽上皇、京都守護《しゅご》・**伊賀《いが》光季《みつすえ》**を殺害する（三七一頁）

6・8〜14 後鳥羽上皇、北条義時調《ちょう》伏《ぶく》の祈禱《きとう》を行う（一四一二頁）

6・14 宇治《うじ》・瀬田《せた》で朝廷《ちょうてい》軍が幕府軍に敗《やぶ》れる（三七二頁）

6・15 **北条時房《ときふさ》**と**北条泰時《やすとき》**を総大将

に幕府軍、京都に入る（一三五四頁）

7・11　鎌倉幕府、後鳥羽上皇を隠岐《おき》へ、**順徳《じゅんとく》上皇**を佐渡《さど》へ流す（一三五四頁）

閏《うるう》10・10　**土御門《つちみかど》上皇**を土佐《とさ》へ流す

南宋《なんそう》、蒙古領の燕京《えんけい》（北京《ペキン》）に遣使《けんし》

●社会の動き

＊蒙古《もうこ》——モンゴルの一部族。チンギス・ハンが出て、十三世紀の初め頃、急激に勢力を拡大。金《きん》（本書11頁参照）を滅ぼし（一二三四年）、フビライの時、国号を元《げん》（一二七一～一三六八年）に改めて南宋《なんそう》を倒し（一二七九年）、中国全土を制圧した。チンギス・ハンの子孫は中央アジア、西南アジア、東ヨーロッパにおよぶ史上最大のモンゴル帝国を築き上げた。日本には文永《ぶんえい》十一年（一二七四年）と弘安《こうあん》四年（一二八一年）に出兵。これを元寇《げんこう》という。

＊後鳥羽《ごとば》上皇——第八十二代天皇。生没《せいぼつ》年代は一一八〇～一二三九年。源氏《げんじ》の鎌倉幕府将軍は一二一九年、源実朝《さねとも》が暗殺され、三代で滅んだ。その機に乗じて、後鳥羽上皇は武家政

権を倒し、再び朝廷《ちょうてい》中心の政治を興《おこ》そうとして、反幕府軍を結集する。上皇は幕府の中心人物・執権《しっけん》北条義時《よしとき》の追討令《ついとうれい》を全国に発し、寺社へは調伏祈禱《ちょうぶくきとう》を命じたが、敗《やぶ》れて隠岐《おき》に流され、以後十八年間、隠岐で過ごし死去した。

＊北条義時《よしとき》——第二代執権。生没《せいぼつ》年代は一一六三～一二二四年。父は初代執権の北条時政《ときまさ》、北条政子《まさこ》（源頼朝《よりとも》の妻）を姉にもつ。承久《じょうきゅう》の乱で朝廷方を破り、北条執権政治の基《もとい》を築く。

＊承久《じょうきゅう》の乱——かつて武士は侍《さむらい》、つまり貴人《きじん》の身辺《しんぺん》に武装して仕《つか》える「さぶらう」の名詞形から生まれた語で低い身分であった。武士団の中でも勢力が強かったのが源氏《げんじ》と平氏《へいし》である。日蓮大聖人は「日本国の武士の中に源平二家と申して王の門守《もんまもり》の犬二疋候《ひきそうろう》」（一五六〇頁）と源平でも身分が低かったことを述べられている。承久の乱は、その武士が天皇経験者の上皇を流罪《るざい》に処《しょ》し、武家の世を決定づけた歴史的事件である。

＊伊賀光季《いがみつすえ》——生没年代は？～一二二一年。承久の乱の時、京都守護《しゅご》であったが、後鳥羽《ごとば》上皇によって攻め倒される。妹は北条義時の後妻。京都守護は承久の乱の後、消滅。代わって六波羅探題《ろくはらたんだい》（本書61頁参照）が設置され、北条氏一族がこの任に就《つ》いた。「本尊問答抄《ほんぞんもんどうしょう》」に「五月十五日伊賀太郎判官光末《ほうがんみつすえ》（季《すえ》）を打捕《うちとり》ましますます鎌倉の義時をうち給《たま》はむとての門《かど》出《で》なり」（三七一頁）と述べられている。

＊**北条時房**《ときふさ》――北条義時の弟。生没年代は一一七五～一二四〇年。承久の乱の後、甥《おい》の北条泰時《やすとき》とともに六波羅探題に就任し、泰時が第三代執権になると連署《れんしょ》に迎えられる。連署は、幕府の公文書《こうぶんしょ》（下知状《げちじょう》や御教書《みぎょうしょ》）に執権とともに連ねて署名する立場で、執権と同格である。

＊**北条泰時**《やすとき》――第三代執権。生没年代は一一八三～一二四二年。北条義時の子。のち「御成敗式目《ごせいばいしきもく》」（貞永式目《じょうえい》）を制定し、法治《ほうち》国家としての安定した武家政権の基盤をつくった。

＊**順徳上皇**《じゅんとく》――第八十四代天皇。生没年代は一一九七～一二四二年。後鳥羽天皇の第三皇子。承久の乱で敗《やぶ》れ、佐渡《さど》に流される。以後二十一年間、佐渡で過ごし、死去した。

＊**土御門上皇**《つちみかど》――第八十三代天皇。生没年代は一一九六～一二三一年。後鳥羽天皇の第一皇子。承久の乱では、むしろ父の幕府打倒の挙兵に反対していたが、朝廷側が敗れたあと、自ら土佐《とさ》へ下った。幕府は三上皇配流《はいる》の処置をしながらも、土御門には寛容《かんよう》な態度をとり、のち天皇位に土御門系が即《つ》くことを承認している。

＊**宋**《そう》――九六〇年、趙匡胤《ちょうきょういん》によって開封《かいふう》（河南省《かなん》）を都として建国。北方民族の金《きん》の圧迫を受け、一一二七年に八代皇帝徽宗《きそう》と長子の欽宗《きんそう》が北方に連れ去られ、次子の高宗《こうそう》が即位。のちに臨安《りんあん》（浙江省杭州《せっこうしょうこうしゅう》）に遷都《せんと》した。これ以降を南宋（以前を北宋）と呼ぶ。一二七九年に元《げん》によって滅ぼされた。文化・学問・芸術など多方面で、日本に大きな影響を与えた。

1222　貞応元年《じょうおう》**（壬午）**《みずのえうま》 4・13改元〈承久四年〉《じょうきゅう》	
日蓮大聖人事績	2・16
	大聖人──一歳（数え年） 安房国《あわ》**長狭郡東条郷**《ながさごおりとうじょうのごう》（現在の千葉県鴨川市《かもがわ》）に生まれる
社会の動き	4・26　幕府、**地頭の荘園押領禁止**《じとうのしょうえんおうりょう》などを定める 11月　蒙古軍《もうこ》、**金**《きん》（本書49頁地図参照）の同州《どうしゅう》・鳳翔《ほうしょう》（陝西省《せんせい》）を攻める

日蓮大聖人事績

＊長狭郡東条郷《ながさごおりとうじょうのごう》――安房国《あわ》（現在の千葉県南部）にあった地名で、日蓮大聖人生誕《せいたん》の地といわれる。通説では小湊《こみなと》が生誕地とされているが、御書には小湊で生まれたという表現はなく、「本尊問答抄《ほんぞんもんどうしょう》」に「東条の郷・片海《かたうみ》の海人《あま》が子なり」（三七〇頁）とあるように片海が生誕地である可能性が高い。小湊と片海は並立していた字《あざ》であるが、現在は鴨川市《かもがわ》（旧天津《あまつ》小湊町）内となっている。長狭郡は、三方を山に囲まれ、東は海に面した温暖な土地柄で、ここにはのちに日蓮大聖人が立教開宗を宣言する清澄寺《せいちょうじ》がある。

社会の動き

＊地頭《じとう》の荘園押領《しょうえんおうりょう》禁止――この頃、承久《じょうきゅう》の乱の勝利に乗じて、武士の荘園侵略が激化する。のちに起こる清澄寺に対する地頭・東条景信《かげのぶ》の干渉《かんしょう》も、そうした動向の一環だった。鎌倉幕府は一貫《いっかん》して荘園領主を擁護《ようご》し、武士の横暴《おうぼう》を制止する立場をとった。

＊金《きん》――一一一五年、ツングース系の女真人《じょしん》の国として興《おこ》り、遼《りょう》・北宋《ほくそう》を相継いで倒して、内モンゴルと華北《かほく》地方に覇権《はけん》を確立した。第四代海陵王《かいりょうおう》の時に都を燕京《えんけい》（北京《ペキン》）に遷《うつ》し、政治制度を中国風に改めた。全中国の統一をねらって南宋《なんそう》とたびたび戦火を交えたが、成果をあげることのないまま国力は衰退《すいたい》し、一二三四年に蒙古《もうこ》によって滅ぼされた。

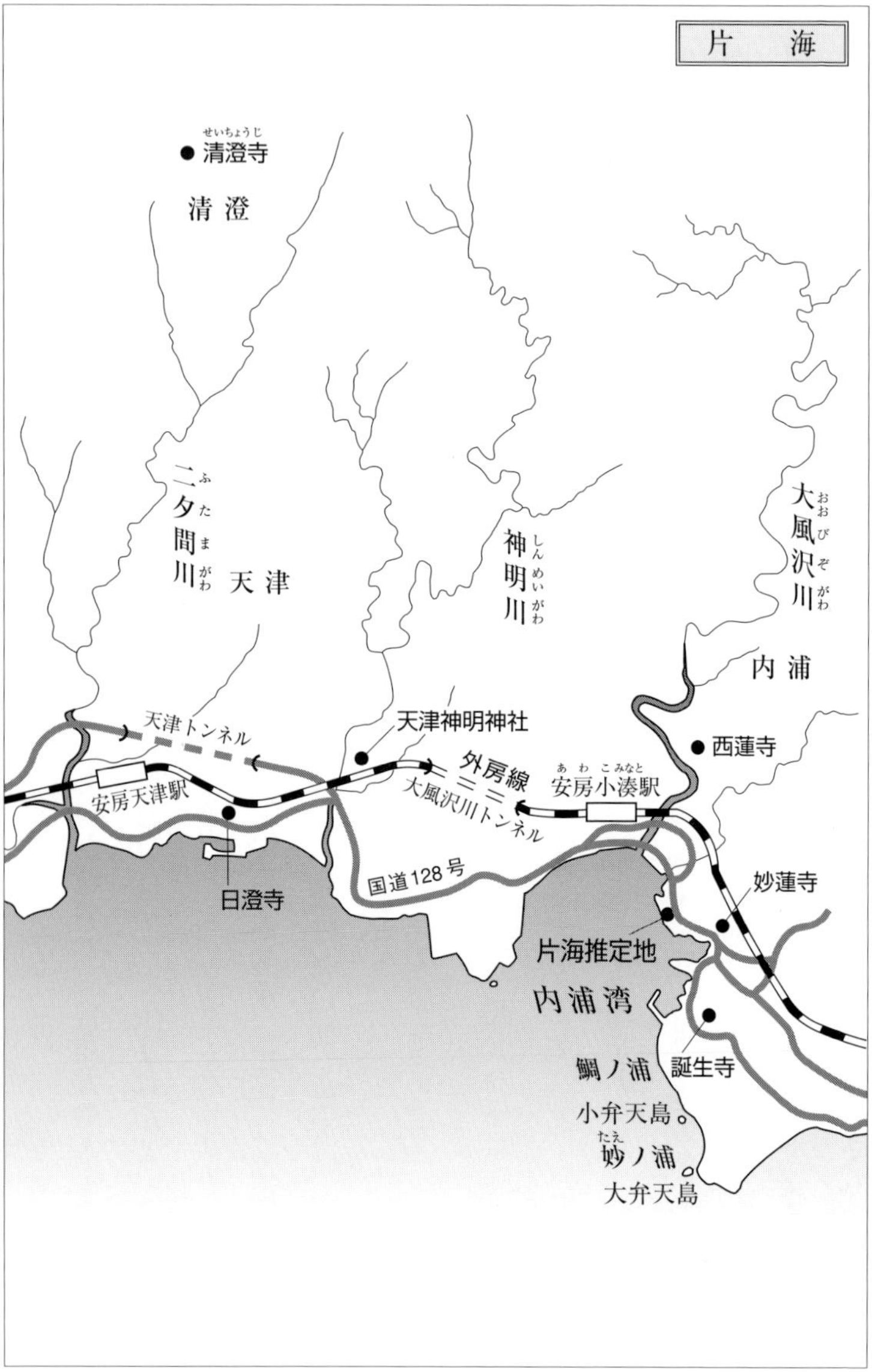
片　海
清澄寺《せいちょうじ》
清 澄
二夕間川《ふたまがわ》
天 津
神明川《しんめいがわ》
大風沢川《おおびぞがわ》
内 浦
天津トンネル
天津神明神社
西蓮寺
外房線
安房小湊駅《あわこみなと》
安房天津駅
大風沢川トンネル
国道128号
日澄寺
妙蓮寺
片海推定地
内浦湾
鯛ノ浦
誕生寺
小弁天島
妙《たえ》ノ浦
大弁天島

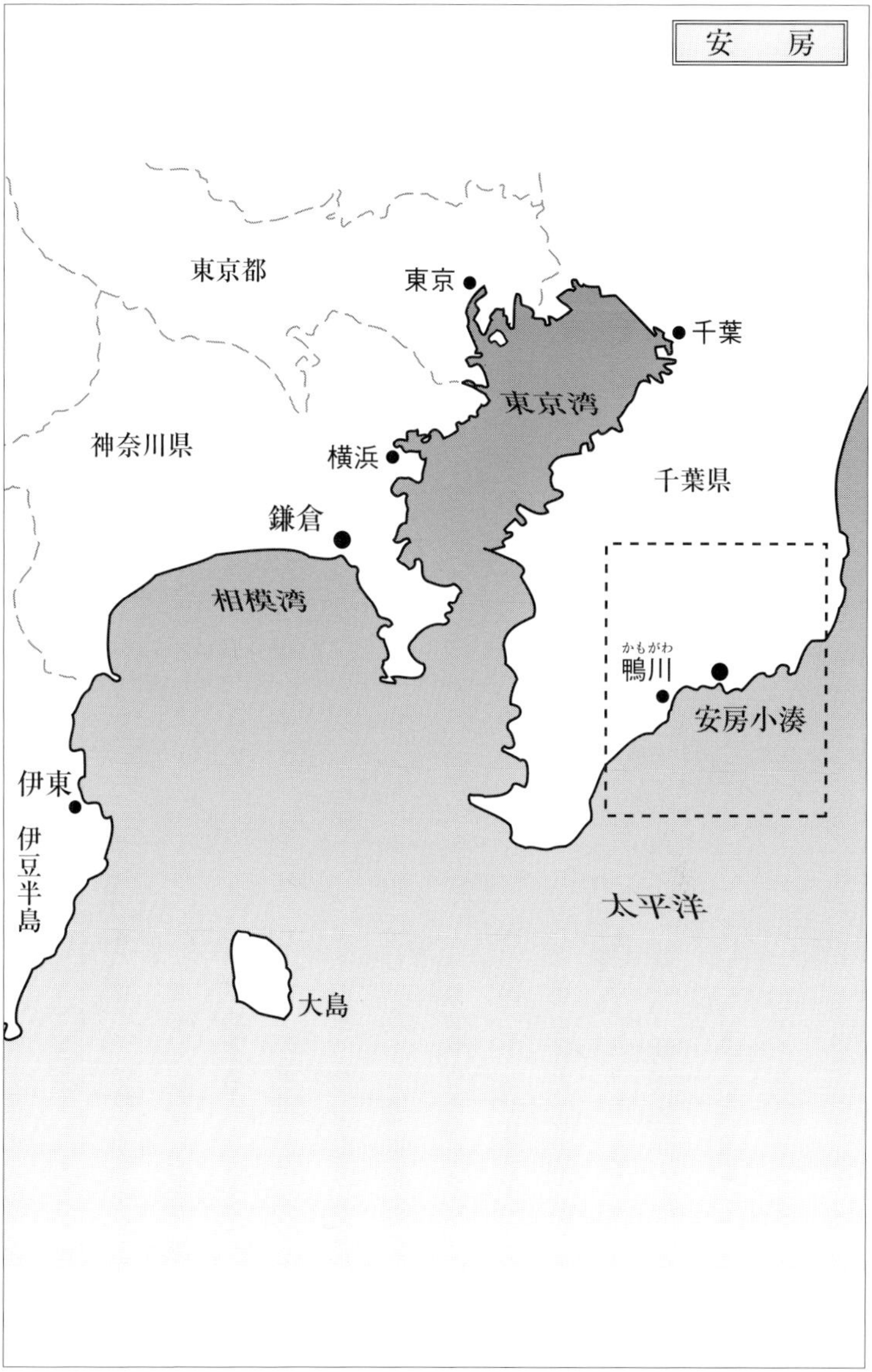
安　房
東京都
東京
千葉
神奈川県
東京湾
横浜
千葉県
鎌倉
相模湾
鴨川《かもがわ》
安房小湊
伊東
伊豆半島
太平洋
大島

1223 貞応《じょうおう》二年（癸未《みずのとひつじ》）

日蓮大聖人事績

大聖人——二歳（数え年）

社会の動き

1月　蒙古《もうこ》軍、金《きん》の河中府《かちゅうふ》（山西省《さんせい》）を攻めとる

4月　〈ユリウス暦5月31日〉蒙古軍、現ウクライナに侵攻し、ルーシ諸侯連合軍を破る（カルカ河畔の戦い）

5・27　幕府、土御門《つちみかど》上皇を阿波《あわ》国に移す

6・15　幕府、**新補地頭**《しんぽじとう》の得分《とくぶん》を定める

◎社会の動き

＊新補地頭《しんぽじとう》——承久《じょうきゅう》の乱後、鎌倉幕府が没収した三千カ所におよぶ朝廷《ちょうてい》方の土地に新たに設《もう》けられた地頭。幕府創立以来の本補《ほんぽ》地頭に対し、これを新補地頭という。本補地頭に比べて、土地に対するその権限は格段に強化された。

日蓮大聖人の檀越《だんおつ》（布施《ふせ》をする在家の信者）には、幕府に仕《つか》える御家人《ごけにん》として地頭職《じとうしき》に任ぜられた者が多い。駿河《するが》では、南条、高橋、由井《ゆい》、石川、武蔵《むさし》では池上、甲斐《かい》では波木井《はきい》などが挙《あ》げられる。

なお、宿屋《やどや》入道は北条の直系に仕える得宗被官《とくそうひかん》で、平頼綱《たいらのよりつな》も同様である（被官＝上級武士に従属する家臣化した下級武士）。また四条金吾《しじょうきんご》は北条庶子《しょし》の被官、富木常忍《ときじょうにん》は有力御家人の被官であった。幕府内でのそれぞれの上下関係は下の図のようになっていた。

得宗専制時代の武家階層

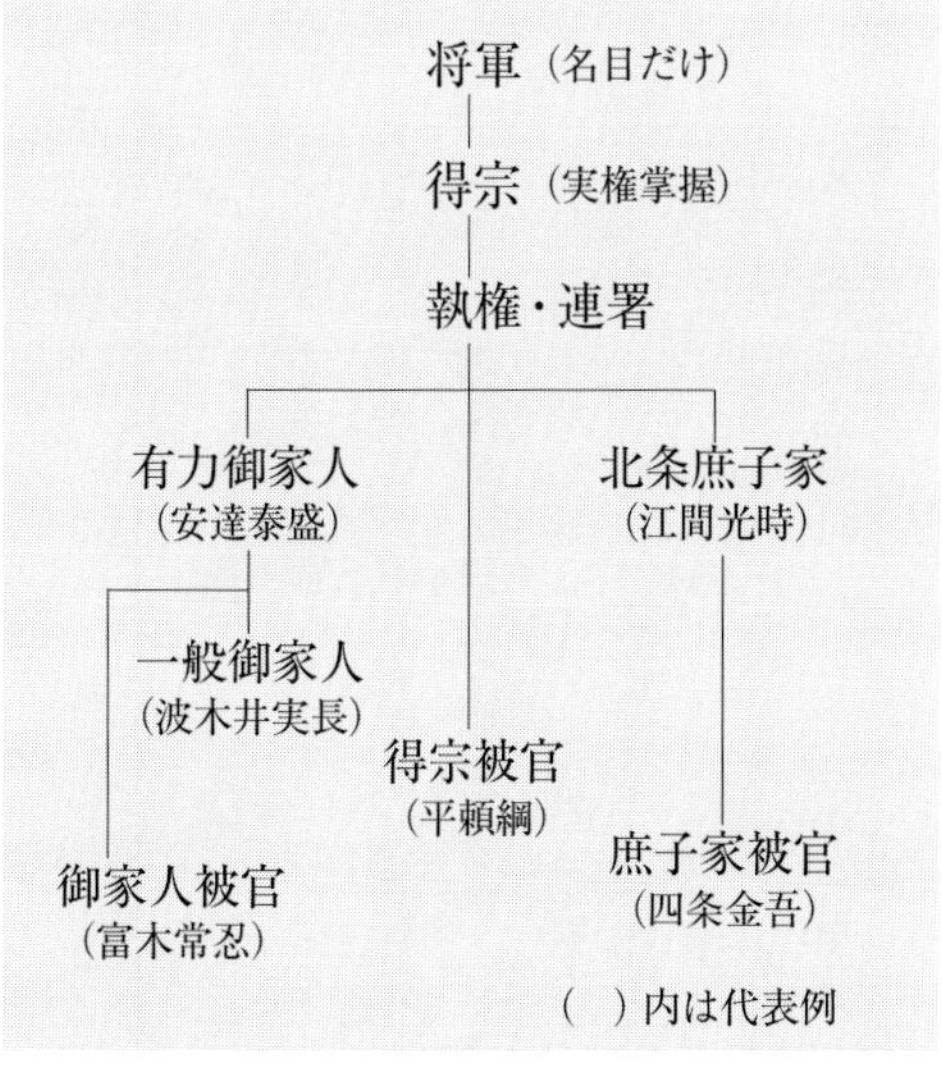

1224 元仁《げんにん》元年（甲申《きのえさる》）11・20改元〈貞応《じょうおう》三年〉

日蓮大聖人事績

大聖人――三歳（数え年）

社会の動き

5・8 京都大地震
5・17 延暦寺《えんりゃくじ》、奏状《そうじょう》を呈《てい》して朝廷《ちょうてい》に**専修念仏禁止**《せんじゅ》を要求する
6月 干魃《かんばつ》が激しく、朝廷・幕府たびたび祈禱《きとう》を行う
6・13 北条義時《よしとき》没する（62歳）
6・28 北条泰時《やすとき》、第三代執権《しっけん》となる
8・5 朝廷、専修念仏を禁止する
8・29 北条義時の妻の兄・**伊賀光宗**《いがみつむね》を信濃《しなの》に流す（伊賀氏事件）
チンギス・ハン（太祖《たいそ》、モンゴル帝国初代皇帝）、西征《せいせい》を終えて帰還《きかん》の途《と》につく

●社会の動き

＊専修《せんじゅ》念仏禁止——建暦《けんりゃく》二年（一二一二年）の法然《ほうねん》の没後も、伝統仏教界からの執拗《しつよう》な専修念仏批判と弾圧はやむことがなかった。法然の門弟たちにとって、いかにして旧仏教と共存していくかが大きな課題となった。そうした状況の中で、念仏の至高性《しこうせい》の主張を放棄《ほうき》して旧仏教との融和《ゆうわ》をめざす方向が、浄土宗の主流となっていく。この時の念仏禁止について日蓮大聖人は「立正安国論《りっしょうあんこくろん》」で「元仁《げんにん》年中に延暦興福《えんりゃくこうふく》の両寺より度度《たびたび》奏聞《そうもん》を経《へ》・勅宣《ちょくせん》・御《み》教書《ぎょうしょ》を申し下《くだ》して……」（二六頁）と記されている。

＊伊賀光宗《いがみつむね》——生没《せいぼつ》年代は一一七八〜一二五七年。二代執権《しっけん》・北条義時《よしとき》の死後、幕府の懸案《けんあん》事項は、源氏《げんじ》将軍が絶《た》えて次の将軍をだれにするかにあった。義時の後妻・伊賀氏は自分の兄の光宗と謀《はか》り、娘婿《むすめむこ》の一条実雅《さねまさ》を将軍にし、息子の北条政村《まさむら》を執権にしようと画策《かくさく》したとされる。しかし、源頼朝《よりとも》の妻・北条政子《まさこ》がこの時健在で、失敗に終わった。これを「伊賀氏事件」という。執権・北条泰時《やすとき》は、光宗を信濃《しなの》（現在の長野県）に配流《はいる》したが、異母弟・政村はとがめなかった。なお光宗はのちに赦免《しゃめん》され、評定衆《ひょうじょうしゅう》の職に就《つ》き幕政《ばくせい》に参画《さんかく》している。政村も第七代執権となった。

1225 嘉禄《かろく》元年（乙酉《きのととり》）4・20改元〈元仁《げんにん》二年〉

日蓮大聖人事績

大聖人—四歳（数え年）

社会の動き

1月　チンギス・ハン、モンゴル本国に凱旋《がいせん》
6・10　**大江広元《おおえのひろもと》**没する（78歳）
7・11　**北条政子《まさこ》**没する（69歳）
9・25　**慈円《じえん》**没する（71歳）
12・21　幕府、**評定衆《ひょうじょうしゅう》**を置く
鎌倉大番制度《おおばんせいど》を定める

社会の動き

＊大江広元《おおえのひろもと》——生没年代は一一四八～一二二五年。諸学問に通じる官僚《かんりょう》として京都の朝廷《ちょうてい》に仕《つか》えた。鎌倉幕府初代の公文所別当《くもんじょべっとう》（一一八四年就任）。のち政所《まんどころ》が開設された際に、初代の政所別当になる。幕府草創期《そうそうき》からの功労者で、源頼朝《よりとも》に守護《しゅご》・地頭《じとう》の設置を進言している。承久《じょうきゅう》の乱（一二二一年）後、七十八歳まで生き、北条執権《しっけん》体制を支えた。

＊北条政子《まさこ》——生没年代は一一五七～一二二五年。初代執権・北条時政《ときまさ》の娘であり、源頼朝の妻、将軍頼家《よりいえ》と実朝《さねとも》の母でもある。自らの夫《おっと》と子である源氏《げんじ》三代の将軍が滅びるのを体験する。武家政権の存続に生涯をかけ、承久の乱の時には、幕府御家人《ごけにん》を集め、大演説をして御家人の心を一つにまとめ、大勝利に導いたことは有名である。尼《あま》将軍と称《しょう》され、弟・北条義時《よしとき》（二代執権）、甥《おい》・北条泰時《やすとき》（三代執権）による執権体制確立の後ろだてとなって支えた。従二位《じゅにい》まで昇り、二位の尼《あま》とも称された。

＊慈円《じえん》——生没年代は一一五五～一二二五年。天台座主《ざす》に四度就任。『愚管抄《ぐかんしょう》』（一二二〇年成立）を著《あらわ》し、朝廷が武士に権力の座を明け渡すことになるのは「道理」であるとする史論を展開した。関白《かんぱく》・九条兼実《かねざね》は兄に当たる。

＊評定衆《ひょうじょうしゅう》——三代執権・北条泰時は、大江広元・北条政子を次々と失い、政権安定のため

苦心し、特に弟たちに所領を分配するなど、専制的態度《せんせいてきたいど》をとらず、合議制《ごうぎせい》による幕政《ばくせい》の運営をめざした。評定衆《ひょうじょうしゅう》制度はここから生まれ、北条氏・有力御家人《ごけにん》・京下《きょうくだ》りの官僚《かんりょう》などから人材が登用された。のちの御家人社会の法である御成敗式目《ごせいばいしきもく》を生み出す母体となった。

＊鎌倉大番制度《かまくらおおばんせいど》——御家人が交代で鎌倉の将軍御所の警護《けいご》に当たる制度。一回あたりの期間は一、二カ月で、遠江《とおとうみ》・駿河《するが》・相模《さがみ》をはじめとする東国十五カ国の御家人が担当した。

最初の評定衆（関東評定衆伝より）

執権《しっけん》　相模守平朝臣時房《さがみのかみたいらのあそんときふさ》（北条時房）
武蔵守平朝臣泰時《むさしのかみやすとき》（北条泰時・第三代執権）

評定衆《ひょうじょうしゅう》　助教中原師員《なかはらもろかず》　民部大夫三善倫重《みんぶたいふみよしともしげ》
駿河前司平義村《するがのぜんじよしむら》（三浦《みうら》義村）　左衛門尉藤原基綱《さえもんのじょうもとつな》
隠岐守藤原行村法師《おきのかみぎょうそんほっし》　玄蕃允三善康連《げんばのじょうやすつら》

相模大掾《だいじょう》藤原業時《なりとき》
左衛門尉藤原長定《ちょうじょう》法師
出羽守《でわのかみ》藤原家長《いえなが》
民部大夫三善康俊《やすとし》　問注所執事《もんちゅうじょしつじ》
民部大夫藤原行盛《ゆきもり》　政所執事《まんどころ》

以上、十三名による合議制のもとで発足した。執権は時房と泰時の二人が記されているが、執権が泰時、連署《れんしょ》が時房という立場であった。しかし、連署は執権と同格なので、これを「両執権」という。発足時には、北条氏は評定衆十一名の中には一人もいない。三浦義村のような有力御家人もいるが、京下りの官僚出身者も多い。

なお、嘉禄《かろく》元年（一二二五年）以後、六年間の評定衆については「関東評定衆伝」では不明である。再び構成員がわかるのは、貞永《じょうえい》元年（一二三二年）からで、そこでは連署が明記されるようになる（人数については本書87頁以下を参照）。

1226 嘉禄《かろく》二年（丙戌《ひのえいぬ》）

日蓮大聖人事績

大聖人―五歳（数え年）

社会の動き

1月 チンギス・ハン、**西夏**《せいか》（本書49頁地図参照）に五度目の遠征を行う

1・27 **藤原頼経**《よりつね》、第四代征夷《せいい》大将軍となる

8・1 幕府、准布《じゅんぷ》（布を通貨とすること）を停止し、**銅銭**《どうせん》の通用を勧《すす》める

社会の動き

＊西夏《せいか》——一〇三八年、チベット系タングート族の李元昊《りげんこう》が中国西北部（甘粛省《かんしゅくしょう》・寧夏回族自《ねいかかいぞく》治区）に建国。西夏文字を制定するなど栄えたが、宋《そう》・遼《りょう》・金《きん》・蒙古《もうこ》と抗争の末、衰退。

＊藤原頼経《よりつね》——鎌倉幕府第四代将軍。生没年代《せいぼつ》は一二一八〜五六年。鎌倉時代を通じて征夷《せいい》大将軍は九代にわたって存在している。源氏《げんじ》が三代で滅んだあとは、しばらく空位が続いていた。北条氏は執権《しっけん》の立場から将軍になることは、他の御家人《ごけにん》（北条氏も一御家人にすぎない）の手前不可能であり、結局、朝廷《ちょうてい》から迎えることがふさわしいと考えていた。しかし、承久《じょうきゅう》の乱後ということもあって、朝廷は親王《しんのう》（天皇の子）を将軍に送ることを拒否《きょひ》。結局、四代将軍に就《つ》いたのは、関白《かんぱく》・九条道家《みちいえ》の子・頼経（この時わずか九歳）であった。この頼経に源氏第二代将軍・頼家《よりいえ》の娘を嫁《とつ》がせ、鎌倉将軍が七年ぶりに復活する。次の第五代・頼嗣《よりつぐ》（頼経の子）と合わせて藤原将軍、また摂家《せっけ》将軍ともいう。

＊銅銭《どうせん》——銅を主な原料とし、中央に穴のある貨幣《かへい》。穴を鳥の眼に見たてて、青鳬《せいふ》・鵞目《がもく》などともいう。日本では六八三年鋳造《ちゅうぞう》とされる富本銭《ふほんせん》を最古とするが、のちに国内では鋳造されなくなり、鎌倉時代はもっぱら中国（宋《そう》）からの輸入に頼った。銭《ぜに》千枚（千文）を紐《ひも》で貫《つらぬ》いて束《たば》ねたものを貫差《かんざし》といい、中世ではおおむね一貫文《いっかんもん》で米一石《いっこく》というのが相場《そうば》だった。

鎌倉時代の物価と貨幣《かへい》価値

寛喜《かんぎ》二年（1230年・日蓮大聖人九歳）	米一石《いっこく》の代	銭一貫文《ぜにいっかんもん》
貞永《じょうえい》元年（1232年・日蓮大聖人十一歳）	油一石の代	銭一貫三百文
	酒一瓶《ひとびん》の代	銭十文
	丹後《たんご》白布《はくふ》八反《はったん》の代	銭百文
建長《けんちょう》四年（1252年・立宗の前年）	米一升《いっしょう》の代	銭百文（この年飢饉のため）
建長五年（1253年・立宗の年）	幕府が物価を公定	
	炭一駄《いちだ》の代	銭百文
	薪《まき》三十束三把別	銭百文
	糠《ぬか》一駄の代	銭五十文
正元《しょうげん》元年（1259年・立正安国論提出の前年）	銭百文で米小升《こます》に三升（この年大飢饉のため）	
文永《ぶんえい》三年（1266年・日蓮大聖人四十五歳）	米一石の代	銭一貫文
	移花紙十五枚の代	銭一貫五百文
	布二十反の代	銭二貫文

	例進布五十反の代	銭五百文
正応《しょうおう》元年（１２８８年・日蓮大聖人滅後七年）	年貢銭二貫百四十文の代	米一石五斗《と》五升八合
正安《しょうあん》四年（１３０２年・日蓮大聖人滅後二十一年）	年貢米九斗四升の代	銭一貫四十四文
嘉元《かげん》三年（１３０５年・日蓮大聖人滅後二十四年）	魚の価格　塩引《しおびき》三	銭六百文
	堅魚《かつお》一	銭十五文
	丸鰒《まるあわび》三	銭五十文
	体鯛一	銭五百文
	鯉《こい》一	銭二百五十文
	打鰒《うちあわび》三	銭五十文
正和《しょうわ》四年（１３１５年・日蓮大聖人滅後三十四年）	米一升五合	銭百文

1227 安貞《あんてい》元年（丁亥《ひのとい》）12・10改元〈嘉禄《かろく》三年〉

日蓮大聖人事績

大聖人――六歳（数え年）

社会の動き

6・22 延暦寺衆徒《えんりやくじ》、**法然《ほうねん》の墓を破却《はきやく》**する

6・29 藤原信盛《のぶもり》、天台座主《ざす》へ宣旨《せんじ》を進上する（九〇頁）

7・6 念仏僧・**隆寛《りゆうかん》**、**空阿弥陀仏《くうあみだぶつ》**、**幸西《こうさい》**、流罪《るざい》となる（九一頁）

7月 チンギス・ハン、西夏《せいか》を征服し、病没（六十代か、諸説あり）

10・15 朝廷《ちょうてい》、念仏禁止の**宣旨《せんじ》**を下す（八九頁）

念仏禁止の宣旨に対し、幕府が返書を送る（九〇頁）

11月 諸国に**赤斑瘡《あかもがき》**流行

社会の動き

＊**法然**《ほうねん》――浄土宗の祖。源空《げんくう》ともいう。生没年《せいぼつ》代は一一三三〜一二一二年。美作国《みまさか》（岡山県）に生まれる。九歳のときに夜討ちによって父を失い、仏門に入って比叡山《ひえいざん》に学ぶ。やがて阿弥陀仏《あみだぶつ》の名を口に唱える専修念仏《せんじゅ》こそが、末法《まっぽう》の衆生が救われるべき唯一の道であることを確信し、人々に向かって本願《ほんがん》の念仏による極楽往生《ごくらくおうじょう》を勧《すす》めた。その主著に『選択《せんちゃく》本願念仏集』がある。浄土真宗の開祖・親鸞《しんらん》は、その弟子である。

比叡山などの旧仏教側は、この法然の主張が伝統仏教を衰退させるものとして反発を強め、法然の弾圧を朝廷《ちょうてい》に要求。その結果、一二〇七年、専修念仏は禁止され、法然は四国に流罪《るざい》となるも、まもなく赦免《しゃめん》される。一二一二年、京都大谷《おおたに》において死去。

日蓮大聖人は「立正安国論《りっしょうあんこくろん》」などで、死後の極楽往生などは幻想にすぎず、この世での救済の実現こそが大切であるとして、法然と専修念仏の教えを激しく批判している。

＊**法然の墓を破却**《はきゃく》――延暦寺僧《えんりゃくじ》・定照《じょうしょう》と念仏者・隆寛《りゅうかん》との論戦に端《たん》を発《はっ》したこの法然念仏の弾圧は、「嘉禄《かろく》の法難」と呼ばれている。東山の大谷にある法然の墓所を破壊しようとする延暦寺衆徒の動きを察知《さっち》した念仏者たちは、遺骨を嵯峨《さが》に移した。「念仏者追放宣《せん》旨事《じじ》」（八九頁）に、法然の墓所破却のことが述べられている。

＊**隆寛**《りゅうかん》――法然《ほうねん》の弟子。生没《せいぼつ》年代は一一四八〜一二二七年。一日六万遍《べん》の念仏を実践し、多《た》念義《ねんぎ》を主張した。定照《じょうしょう》の「弾選択《だんせんちゃく》」に対して「顕《けん》選択」を書いて反論すると、比叡山《ひえいざん》から弾圧を受け幕府によって奥羽《おうう》へ流罪《るざい》された。「念仏者追放宣旨事《せんじじ》」（九〇頁）に、隆寛律師《りっし》を捕《と》らえ流罪したとの幕府の文書が引用されている。

＊**空阿弥陀仏**《くうあみだぶつ》――生没年代は一一五五〜一二二八年。比叡山の天台僧であったが、のちに法然に師事《しじ》する。のち弾圧にあい、幸西《こうさい》とともに流罪される。「念仏無間《むけん》地獄抄」に「隆寛・成覚《じょうかく》（幸西）・空阿弥陀仏等其《そ》の身を遠流《おんる》に処《しょ》せしむ可《べ》きの由《よし》……」（一〇二頁）との宣旨が引用されている。

＊**幸西**《こうさい》――法然の弟子。生没年代は一一六三〜

法然の弟子系図

法然
- 第一弟子　隆観（寛）　長楽寺
- 第一　善慧房《ぜんえぼう》　洛中
- 第一　聖光《しょうこう》　筑紫
- 一条覚明《かくみょう》　今の道阿弥《どうあみ》等
- 成覚《じょうかく》　一念（幸西《こうさい》のこと）
- 法本《ほうほん》　一念

※本図は「一代五時図」（六一七頁）による

一二四七年。隆寛の多念義に対して、一念でも仏と感応《かんのう》すれば往生《おうじょう》できるという一念義《いちねんぎ》を主張した。最も法然の主張に近い念仏観をもっていたが、弾圧・流罪され、幸西派は埋没《まいぼつ》していった。

＊**宣旨**《せんじ》――天皇の命令を奉《ほう》じて太政官《だいじょうかん》がなりかわって発布《はっぷ》した公文書《こうぶんしょ》。親王《しんのう》の場合は令旨《りょうじ》、上皇の場合は院宣《いんぜん》という。これら奉書《ほうしょ》形式の文書に対し上意下達《じょういかたつ》形式の文書があり、天皇の場合は綸旨《りんじ》、上皇の場合は院庁下文《いんのちょうくだしぶみ》という。

＊**赤斑瘡**《あかもがさ》――ウイルスによる発疹性《はっしんせい》の伝染病。「赤斑瘡」の初出は奈良時代、藤原四兄弟が次々に倒れ、死去した時に使われているが、これは天然痘《てんねんとう》のことで、平安時代以後は麻疹《はしか》のことを赤斑瘡といった。

官位相当一覧

正一位	太政大臣
従一位	
正二位	左大臣
従二位	右大臣
正三位《しょうさんみ》	大納言《なごん》
従三位《じゅさんみ》	中納言　近衛《このえ》大将

	衛門府・左衛士府・右衛士府 左兵衛府・右兵衛府
正四位上	
正四位下	
従四位上	
従四位下	督（かみ）
正五位上	
正五位下	
従五位上	佐（すけ）
従五位下	
正六位上	
正六位下	
従六位上	大尉（じょう）
従六位下	
正七位上	少尉
正七位下	
正八位下	大志（さかん）

1228 安貞《あんてい》二年（戊子《つちのえね》）

日蓮大聖人事績

大聖人——七歳（数え年）

社会の動き

4月 **興福寺《こうふくじ》・延暦寺《えんりゃくじ》争う**

10・7 鎌倉大雨・大風、鎌倉将軍御所破損《はそん》

11・26 幕府、**高野山《こうやさん》僧徒《そうと》の武装を禁止する**

第5回十字軍（〜29、第6回ともいう）神聖ローマ帝国フリードリヒ二世、エルサレムを平和裡《り》に奪還《だっかん》

社会の動き

＊興福寺《こうふくじ》――奈良市にある法相宗《ほっそうしゅう》の大本山。藤原氏の菩提寺《ぼだいじ》として栄えた。南都七大寺の一つで、古くは山階寺《やましなでら》といった。鎌倉時代には多数の僧兵を擁《よう》し、「北嶺《ほくれい》」比叡山《ひえいざん》に対して、「南都《なんと》」と呼ばれた奈良の寺社勢力の中心的存在を占《し》めた。

＊延暦寺《えんりゃくじ》――大津市にある天台宗総本山。比叡山・山門などとも呼ばれる。伝教大師最澄《さいちょう》が奈良時代の末に開創《かいそう》。八二三年、勅許《ちょっきょ》を得て延暦寺と号する。以後、多くの学匠《がくしょう》を輩出し、日本仏教の中心的位置を占める。僧兵の活躍する鎌倉時代においても、学問の伝統は失われることなく、地方からの多くの留学生を集めた。

＊興福寺・延暦寺争う――悪僧（僧兵）が力をつける院政期頃から大寺院間の抗争はエスカレートし、相互に焼き打ちが繰り返された。その抗争の中心となったのが、北嶺・延暦寺と南都の雄《ゆう》・興福寺だった。この時の事件は、興福寺と延暦寺末寺の多武峯《とうのみね》との争いが端《たん》緒《しょ》となったもの。

＊高野山僧徒《こうやさんそうと》の武装を禁止――武装した悪僧の乱行《らんぎょう》は、鎌倉幕府にとって頭の痛い問題だった。高野山と金峰山《きんぷせん》（奈良県吉野町）もしばらく前から所領の帰属をめぐって激しく争っていたが、幕府は実検使《じっけんし》を派遣《はけん》して、兵器を大塔《おおとう》の庭に集めて焼き捨てた。

1229 寛喜《かんぎ》元年（己丑《つちのとうし》）3・5改元〈安貞《あんてい》三年〉

日蓮大聖人事績

大聖人――八歳（数え年）

社会の動き

4・7 寛徳《かんとく》（1044～45）以後に新たに設《もう》けられた荘園《しょうえん》を停止する

8・24 オゴタイ（太宗《たいそう》、チンギス・ハンの三男）、モンゴル帝国第二代皇帝（大ハーン）に即位

9月 奈良僧徒《そうと》の武装を禁止する

暦《こよみ》と十干十二支《じっかんじゅうにし》について

当時の暦は太陰《たいいん》太陽暦《れき》であった。月の運行を基にした太陰暦によれば、新月から次の新月までは約二十九・五日となる。そこで当時の一月（ひとつき）は三十日か二十九日となり、三十一日の月はない。それぞれ三十日の月を大の月、二十九日の月を小の月と称《しょう》した。これが六カ月ずつあり、計三五四日となる。そうすると地球の公転周期（一年）が約三六五・二四二二日だから、ずれが生じてくる。そこで、「十九年七閏《じゅん》」といって十九年に七回、閏月《うるうづき》を設《もう》けた（日蓮大聖人在世中の閏月は本書35頁の表参照）。だから当時は、一年で十三カ月ある年があったのである。

また、当時の人は十年前、二十年前をどうやって計算していたのだろうか。いうまでもなく西暦《せいれき》は使用していない。では元号か、それもちがう。日蓮大聖人の六十年の生涯で元号は二十三回も変わっているから、元号から計算することは時間がかかる。答えは、十干十二支《じっかんじゅうにし》を組み合わせてできる六十種の言い方を数字のように覚えて計算したのである。

例えば「聖人御難事《しょうにんごなんじ》」（一一八九頁）で「建長《けんちょう》五年太歳癸丑《たいさいみずのとうし》四月二十八日」に立教開宗してから「今に二十七年・弘安《こうあん》二年太歳己卯《つちのとう》なり」と記しているのは、弘安二年の己卯が干支《かんし》では十六番目、建長五年の癸丑《みずのとうし》が五十番目に当たるので、五十は六十まで十一年（数えで計算）、それに十六年を足して二十七年と計算していたのである。

なお、太歳《たいさい》とは、木星が太陽の沈む頃東から出て、再び太陽が沈む頃東から出るのに約十二年かかる（実際は十一・八六年が木星の公転周期となる）ことを基に、時計まわりで回る十二支《じゅうにし》と同じ動きの想像上の木星（実際の木星の公転は反時計回り）を反対方向に設定し、これを太歳といった。

十二支は時間や方角を示す場合にも用いられた（下図参照）。生活する上で、十干《じっかん》十二支はだれでもが最初に学ぶ最も基本的な知識だったといえる。

なお、日本が旧暦をやめ新暦を採用したのは明治五年十二月三日からで、明治政府は、この日を明治六年一月一日とした。

《時間と方角》

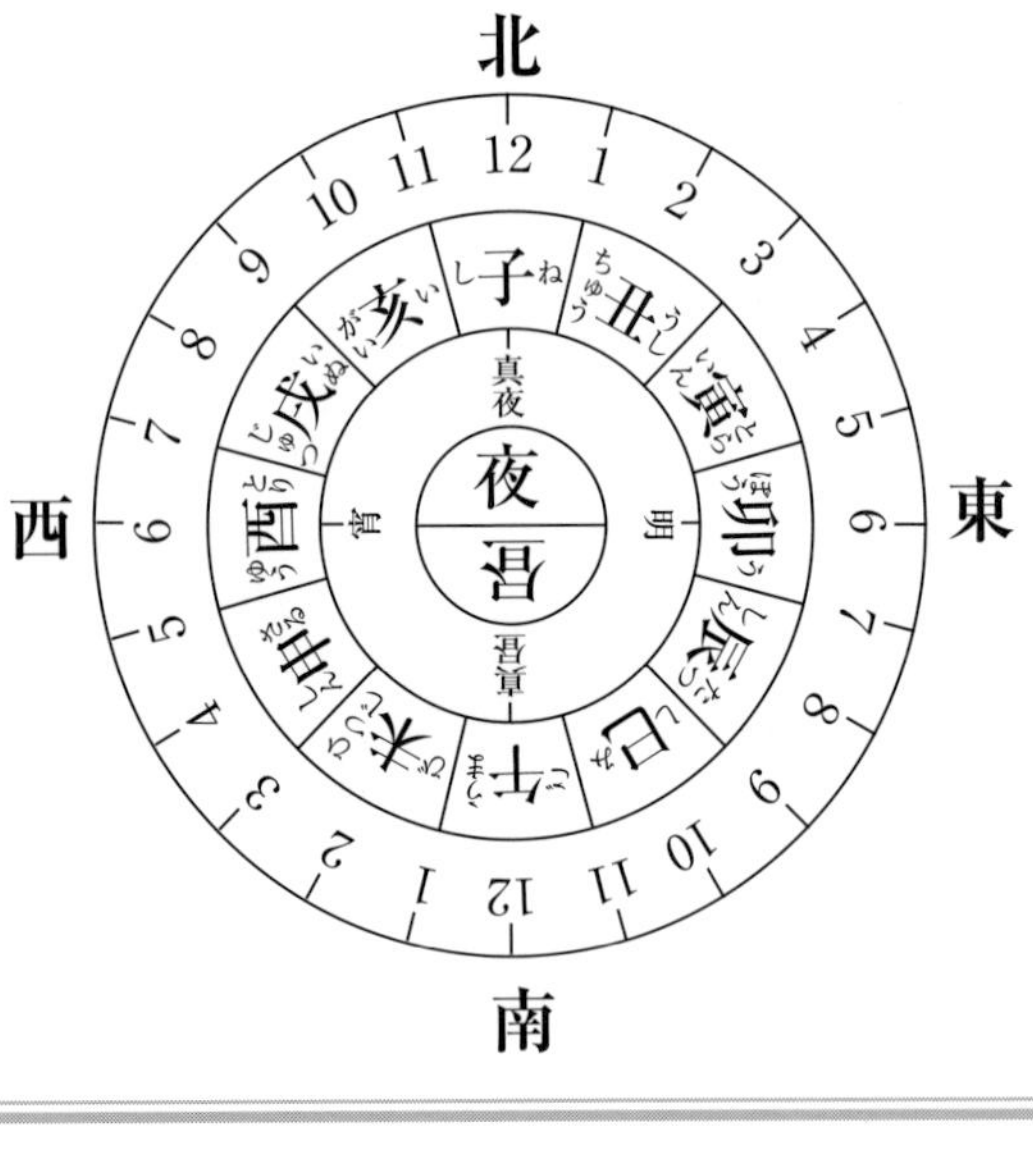

《日蓮大聖人在世中の閏月《うるうづき》》

年	閏月
貞応《じょうおう》三	七月
嘉禄《かろく》三	三月
寛喜《かんぎ》二	正月
貞永《じょうえい》元	九月
文暦《ぶんりゃく》二	六月
嘉禎《かてい》四	二月
寛元《かんげん》元	七月
寛元四	四月
宝治《ほうじ》二	十二月
建長《けんちょう》三	九月

年	閏月
建長六	五月
正嘉《しょうか》元	三月
正元《しょうげん》元	十月
文永《ぶんえい》二	四月
文永五	正月
文永七	九月
文永十	五月
建治《けんじ》二	三月
弘安《こうあん》元	十月
弘安四	七月

《十干《じっかん》》

十干	五行	兄弟	読み
甲《こう》	木	兄	きのえ
乙《おつ》	木	弟	きのと
丙《へい》	火	兄	ひのえ
丁《てい》	火	弟	ひのと
戊《ぼ》	土	兄	つちのえ
己《き》	土	弟	つちのと
庚《こう》	金	兄	かのえ
辛《しん》	金	弟	かのと
壬《じん》	水	兄	みずのえ
癸《き》	水	弟	みずのと

元号《げんごう》　改元《かいげん》の理由

一九八九年一月、「昭和」から「平成」へ時代は移った。その「平成」は、最初の元号「大宝《たいほう》」から始めれば二二八番目になる（元号の総数は二百四十七）。「大宝」の前には「大化」（六四五年）、白雉《はくち》、白鳳《はくほう》、朱鳥《しゅちょう》という元号があったとされているが、正式な元号は、七〇一年の大宝律令《りつりょう》が成立した「大宝」から始まるのが通説になっている。以来千三百年であるから、一つの元号の平均寿命はわずか五・七年にしかならない。昭和の六十四年というのはまさに最長不倒、別格のことで、反対に短い元号は一年ももたなかったのである。

特にめまぐるしく元号が変わっていったのは鎌倉時代で、一元号平均三年という短命である。日蓮大聖人はその生涯六十年で、なんと二十四の元号を経験していることになる。まさに日本の歴史上最も〝元号ラッシュ〟の時代だったのである。左表のように改元の理由の大半は、災害、天変地異《てんぺんちい》によるもので、この時代がいかに不安渦巻く社会であったかが想像できるのである。

改元の月日	改元の理由
承久《じょうきゅう》（1219）4・12	
《承久四年二月十六日　日蓮大聖人生誕》	
貞応《じょうおう》（1222）4・13	後堀河《ごほりかわ》天皇の代始め
元仁《げんにん》（1224）11・20	災異《さいい》
嘉禄《かろく》（1225）4・20	災異
安貞《あんてい》（1227）12・10	災異
寛喜《かんぎ》（1229）3・5	災異
貞永《じょうえい》（1232）4・2	災異
天福《てんぷく》（1233）4・15	四条天皇の代始め
文暦《ぶんりゃく》（1234）11・5	災異
嘉禎《かてい》（1235）9・19	災異
暦仁《りゃくにん》（1238）11・23	災異
延応《えんおう》（1239）2・7	災異
仁治《にんじ》（1240）7・16	災異
寛元《かんげん》（1243）2・26	後嵯峨《ごさが》天皇の代始め
宝治《ほうじ》（1247）2・28	後深草《ごふかくさ》天皇の代始め

改元の月日	改元の理由
建長《けんちょう》（1249）3・18	災異
康元《こうげん》（1256）10・5	災異
正嘉《しょうか》（1257）3・14	災異
正元《しょうげん》（1259）3・26	災異
文応《ぶんおう》（1260）4・13	亀山《かめやま》天皇の代始め
弘長《こうちょう》（1261）2・20	辛酉《しんゆう》の年（革年による）
文永《ぶんえい》（1264）2・28	甲子《きのえね》の年（干支《かんし》の始め）
建治《けんじ》（1275）4・25	後宇多《ごうだ》天皇の代始め
弘安《こうあん》（1278）2・29	災異

1230 寛喜《かんぎ》二年（庚寅《かのえとら》）

日蓮大聖人事績

大聖人――九歳（数え年）

社会の動き

この年　大飢饉《ききん》（**寛喜《かんぎ》の飢饉**）

6・9　武蔵《むさし》国などに降雪《こうせつ》

6・24　朝廷《ちょうてい》、宣旨《せんじ》を下して米価を定める

7・16　夏なのに**東国に霜《しも》降る**

7月　オゴタイ・ハーン、金《きん》に遠征

社会の動き

＊寛喜《かんぎ》の飢饉《ききん》――寛喜二年から翌年にかけて、歴史的な大飢饉が全国を襲った。この年、長雨・低温・暴風などの異常気象の影響で大凶作《きょうさく》となる。凶作は翌年まで続き、藤原定家《さだいえ（ていか）》はその日記『明月記《めいげつき》』に、餓死者《がししゃ》が京中に充満し、その屍臭《ししゅう》が家にまで及ぶと記している。

＊東国に霜《しも》降る――鎌倉時代は、凶作が続く慢性的な飢饉の時代だった。その原因に農業技術の未発達があったことはいうまでもないが、それとともに十三世紀が世界的な規模で寒冷化の進む時期であったことも忘れてはならない。それは同時期、海面が低下する「パリア海退《かいたい》」という現象があったことにより裏付けられている。

元弘《げんこう》三年（一三三三年）五月の有名な新田義貞《にったよしさだ》の稲村ヶ崎《いなむらがさき》突破（潮《しお》が引くのを念じて義貞が剣を海中に投じると、潮が引いて稲村ヶ崎〈本書146頁地図参照〉の南に砂浜が現れ、ここを迂回《うかい》して海側から鎌倉に攻め入ったという）も、こうした海退現象があって初めて可能となったという説もある。

1231 寛喜《かんぎ》三年（辛卯《かのとう》）

日蓮大聖人事績

大聖人——十歳（数え年）

社会の動き

この年 餓死者《がししゃ》続出する

3・19 北条泰時《やすとき》、飢饉《ききん》にあえぐ窮民《きゅうみん》を救うため、伊豆《いず》・駿河《するが》両国の出挙米《すいこまい》を施《ほどこ》す

5・4 鎌倉将軍御所の**四角四堺《しかくしかい》の鬼気《きき》の御祭**等が行われる

7・12 念仏僧・往阿弥陀仏《おうあみだぶつ》、鎌倉に**和賀江島《わかえじま》造立《ぞうりゅう》**を願い出る

10・25 鎌倉火災。北条時房《ときふさ》邸、源頼朝《よりとも》・北条義時《よしとき》の**法華堂**類焼

蒙古《もうこ》軍、**高麗《こうらい》**に侵攻し、降伏させる

蒙古軍、ホラズム・シャー朝を滅亡させる

社会の動き

＊**四角四堺祭**《しかくしかいさい》――平安京の四隅《よすみ》と山城国《やましろ》の四つの国境に使者を派遣《はけん》し、穢《けが》れや疫病《えきびょう》が侵入することを防ぐ祭り。天皇と王権を鎮護《ちんご》するための重要な国家的儀式だったが、承久《じょうきゅう》の乱(一二二一年)以降、鎌倉でも行われるようになった。

＊**和賀江島造立**《わかえじまぞうりゅう》――勧進聖《かんじんひじり》の往阿弥陀仏《おうあみだぶつ》が、幕府に材木座《ざいもくざ》海岸に港としての機能をもつ人工の築島《つきしま》造立の願い出をし、執権《しっけん》・泰時《やすとき》がこれを許可し援助した。安山岩《あんざんがん》を積み上げた防波《ぼうは》堤《てい》で、完成は翌年の貞永《じょうえい》元年。和賀江島(位置は本書146頁地図参照)造立により、鎌倉への船積み物資の量が飛躍的に拡大し、活気ある中世都市・鎌倉の経済発展をもたらした。

＊**法華堂**――源頼朝《よりとも》の墳墓堂《ふんぼどう》のこと。当時は盛り土をして築かれるのが墓で、その上に建てられた標《しるし》が五輪塔《ごりんとう》などの塔婆《とうば》(現代の墓石に当たる)だった。有力者の墓所は、塔婆の雨よけのためにお堂を建立《こんりゅう》することが多く、源頼朝の墓所は法華堂と称《しょう》されていた。北条義時《よしとき》も頼朝の法華堂の東方に葬《ほうむ》られたので、その法華堂も墳墓堂と思われる。

＊**高麗**《こうらい》――九一八年に成立した朝鮮の統一国家。モンゴルの侵略を受け、その支配下に置かれた。のちの元寇《げんこう》では船の建造を強制され、日本攻めの主力部隊は高麗軍としてかり出されるなど、相当の負担を強《し》いられ、国力はますます疲弊《ひへい》した。

1232 貞永元年《じょうえい》（壬辰《みずのえたつ》）4・2改元〈寛喜《かんぎ》四年〉

日蓮大聖人事績

大聖人――十一歳（数え年）

社会の動き

8・10 **御成敗式目《ごせいばいしきもく》**が完成する

10月 **新勅撰和歌集《しんちょくせんわかしゅう》**の編纂《へんさん》が始まる（完成は嘉禎《かてい》元年〈一二三五年〉）

高麗《こうらい》、首都を開京《ケギョン》（現在の開城《ケソン》）から江《カン》華《ファ》島に遷《うつ》し、蒙古《もうこ》に抵抗

金《きん》、蒙古軍に大敗し、軍の大半を失う（三峰山《さんぽうざん》の戦い）

社会の動き

***御成敗式目**《ごせいばいしきもく》――第三代執権《しっけん》の北条泰時《やすとき》を中心に、幕府の重臣である評定衆《ひょうじょうしゅう》によって原案がまとめられ、貞永《じょうえい》元年（一二三二年）八月十日に施行《しこう》された法令。貞永式目ともいわれる。

全五十一か条からなる御成敗式目の構成は、一、二条は神事・仏事、三〜六条は幕府と朝廷《ちょうてい》との関係、七、八条は裁判の原則、九〜一七条と三二〜三四条は刑事法関係、一八〜二七条は家族法関係、二八〜三一条と三五条は訴訟《そしょう》手続き関係が記されており、三六条以下は、まとまりがなく明確に区分されていない。そして、「式目」の末文には、違犯《いはん》した者は、神罰《しんばち》・冥罰《みょうばち》を蒙《こうむ》るとあり、公平な運用を神に誓《ちか》った起請文《きしょうもん》が記されている。

日蓮大聖人は後年、伊豆《いず》・佐渡《さど》に流罪《るざい》されたことについて、「御式目をも破らるるか……大事の起請を破らるる事心《こころ》へられず」（三五五頁）と幕府の裁断《さいだん》を破されている。

***新勅撰和歌集**《しんちょくせんわかしゅう》――『新古今《しんこきん》和歌集』の後をうけて編纂《へんさん》された九番目の勅撰和歌集（天皇の命による和歌集）。後堀河《ごほりかわ》天皇の勅命《ちょくめい》をうけて、藤原定家《さだいえ》（ていか）が編んだ。後鳥羽《ごとば》上皇ら朝廷側の承《じょう》久《きゅう》の乱関係者の歌を一首も入れない一方、源実朝《さねとも》をはじめとする幕府関係者の歌を多く収める。このことは、承久の乱（一二二一年）後、仲恭《ちゅうきょう》天皇が廃され幕府によって後堀河が擁立《ようりつ》されたように、幕府の朝廷への影響力が大きくなっていたことを示している。

1233　天福《てんぷく》元年（癸巳《みずのとみ》）　4・15改元〈貞永《じょうえい》二年〉

日蓮大聖人事績

大聖人――十二歳（数え年）

安房《あわ》国東条《とうじょう》郷の**清澄寺**《せいちょうじ》に入山する

この頃、**虚空蔵菩薩**《こくうぞうぼさつ》に「日本第一の智者となし給へ」（八八八頁）との誓願《せいがん》をする

社会の動き

5月　蒙古《もうこ》軍、金《きん》の首都・汴州《べんしゅう》（河《か》南《なん》省開封《かいふう》）を占領

日蓮大聖人事績

＊**清澄寺**《せいちょうじ》――千葉県鴨川《かもがわ》市の清澄山上にある寺で、山号は千光山。日蓮大聖人は、十二歳でこの寺に入山し、十六歳で出家、建長《けんちょう》五年（一二五三年）四月二十八日にここで立教開宗を宣言した。当時は天台宗であったが、のちに真言宗になり、昭和二十四年（一九四九年）には日蓮宗に改宗し現在にいたる。

＊**虚空蔵菩薩**《こくうぞうぼさつ》――智慧《ちえ》、福徳《ふくとく》、慈悲《じひ》が虚空（無限の空間）のように尽《つ》きることがないことから名付けられた菩薩。日蓮大聖人は、清澄寺に入山して、虚空蔵菩薩に「日本第一の智者となし給へ」（「善無畏《ぜんむい》三蔵抄」八八八頁）と祈り、それがかなって「智慧の宝珠《ほうじゅ》」（同）を授けられたと述べている。

鎌倉時代の修学システム

寺院への入寺は、通常七、八歳から十数歳の間に行われた。入寺の目的は学問のためであることはもちろんであったが、その学問は必ずしも仏教に限定されるものではなかった。知識や文化が寺院によって独占されていた鎌倉時代にあっては、寺院は初等教育の場としての役割をも果たしていたのであり、読み書きの基礎知識を修得させるために寺院に子弟を送ることも、しばしば見られた現象だった。大聖人の清澄寺《せいちょうじ》入寺についても、初等教育を受けることが目的だったという説が有力である。

このほか有力者の子弟が、幼くして父母を失った場合に寺院に引き取られることもあった。法然《ほうねん》や道元《どうげん》の場合はこれに当てはまる。

寺にはいった少年は稚児《ちご》と呼ばれ、特定の房舎《ぼうしゃ》に所属して知識の伝授を受けるかたわら、寺のさまざまな雑用に従事した。稚児は出身階層などによって、児《ちご》・中童子《ちゅうどうじ》・大童子《おおどうじ》などの身分に分かれていた。最上層の児は雑役《ざつえき》から解放され、美しく着飾って僧侶の男色の相手を務めるものもあった。その一方で、学問とはまったく無縁のまま、日々の肉体労働に追われる者たちもいた。

稚児たちは十五歳を過ぎると、出家《しゅっけ》（得度《とくど》）して寺に残り、僧侶としての本格的な修行生活を開始するか、あるいは家に戻って家業を継ぐか、選択《せんたく》を迫られることになった。どちらの道を選択するかについては、本人の意志や家の事情が大きく影響したであろうことはいうまでもない。そのほかに、特に優秀であることを見込まれて、寺に残ることを勧められる者もあった。

そうしたエリートの見習い僧は、地方の場合、京畿《けいき》の大寺院に留学して高度な学問を学び、またそこで受戒して正式な僧としての資格を獲得することが一般的だった。中央の留学先としては、延暦寺《えんりゃくじ》や奈良の大寺院が代表的な地だった。どの寺を選ぶかは、留学僧の所属する地方寺院と中央寺院との本末関係や、師の僧が中央寺院に対してもつ個人的な人脈で決まった。留学僧は中央寺院に上ると、師の人脈を頼りに特定の房舎に所属し、そこで雑務に従事しながら学問の修得に励《はげ》んだ。

なお、地方から中央に留学するにあたっては、かなりの資金を必要とした。親が資産家であれば問題はないが、そうでない場合パトロンを得ることが不可欠だった。日蓮大聖人の場合は、領家《りょうけ》の尼《あま》がそれであったという説がある。

1234 文暦《ぶんりゃく》元年（甲午《きのえうま》）11・5改元〈天福《てんぷく》二年〉

日蓮大聖人事績

大聖人――十三歳（数え年）

社会の動き

1月 蒙古《もうこ》軍、南宋《なんそう》と共同して、金《きん》の蔡州《さいしゅう》城を包囲。哀宗《あいそう》自殺、末帝殺害され、**金滅亡**

6・30 朝廷《ちょうてい》、**専修《せんじゅ》念仏を禁止**する（九四頁）

●社会の動き

＊専修念仏禁止《せんじゅ》――この頃、京都と鎌倉双方で念仏禁止の動きが強まっていた。念仏者の流罪《るざい》と洛外《らくがい》追放が行われたこの事件は、日蓮大聖人の撰《せん》とされる「念仏者追放宣旨事《せんじじ》」（九四頁）や編年体の歴史書『百錬抄《ひゃくれんしょう》』（編者不詳）に記されている。

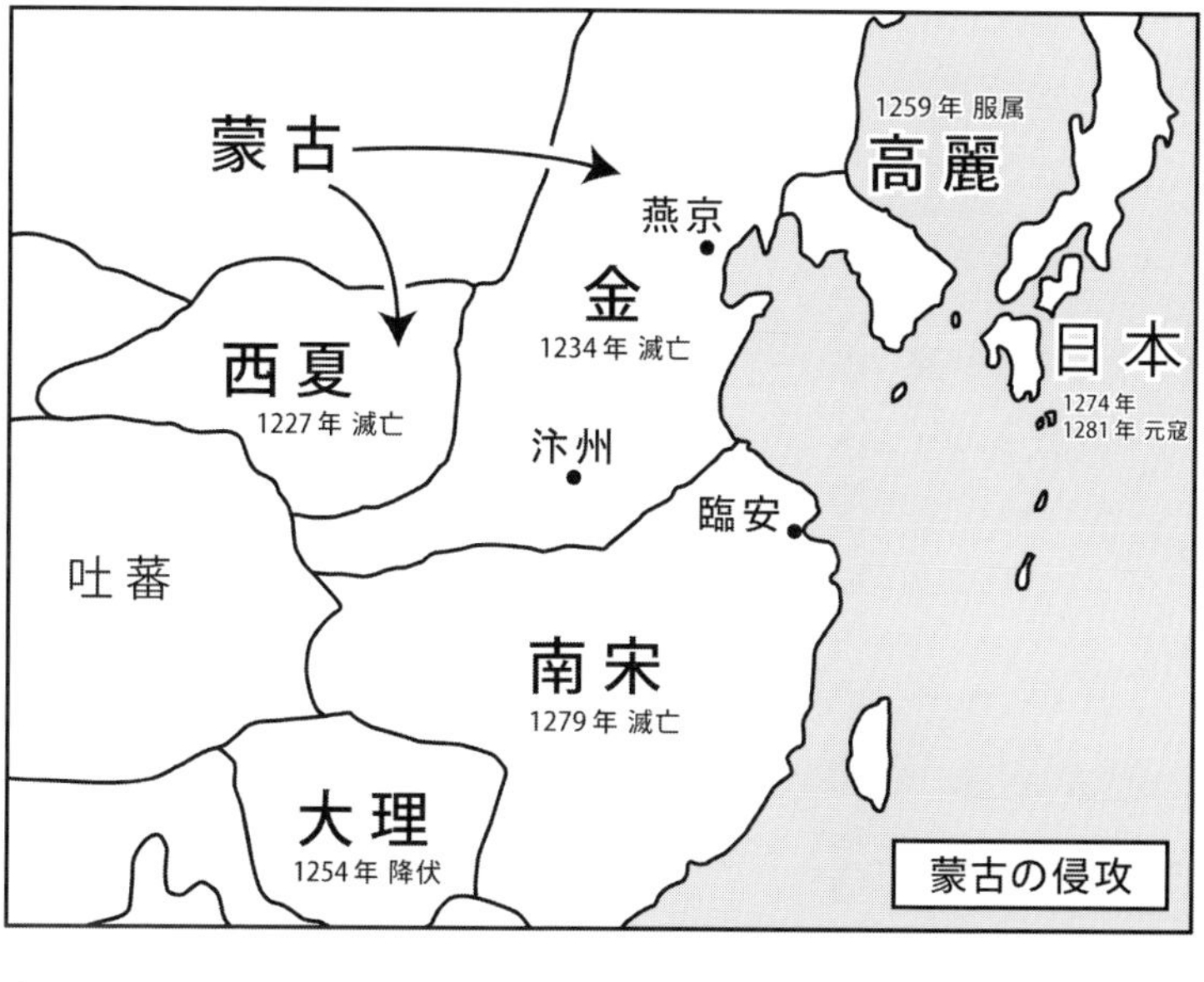

1235 嘉禎《かてい》元年（乙未《きのとひつじ》）9・19改元〈文暦《ぶんりゃく》二年〉

日蓮大聖人事績

大聖人——十四歳（数え年）

社会の動き

1・27 幕府、僧侶が兵杖《ひょうじょう》を帯することを禁じる

7・24 **黒衣《こくえ》**を着た念仏者の鎌倉往来を禁じる

12月 興福寺《こうふくじ》衆徒蜂起《ほうき》し、宇治《うじ》にいたる

この年 鎌倉に地震続発、京都に**疱瘡《ほうそう》流行**

社会の動き

＊**黒衣**《こくえ》――「黒衣」とは本来は、俗人《ぞくじん》である「白衣《びゃくえ》」に対し、出家者を意味する言葉だったが、日本の中世では念仏者や律僧《りっそう》など、大寺院の世俗《せぞく》化を嫌ってそこから離脱した体制外の遁世者《とんせいしゃ》を指す言葉として用いられるようになった。彼らはしばしば「聖《ひじり》」とも呼ばれた。このころ幕府は増加する「黒衣」の念仏者の取り締まりに苦心した。

＊**疱瘡流行**《ほうそう》――当時の最も悪性の伝染病は疱瘡だった。『吾妻鏡《あずまかがみ》』（鎌倉幕府の事績を記した歴史書）などによれば後鳥羽《ごとば》・土御門《つちみかど》・四条・後深草《ごふかくさ》の各天皇をはじめとして、源頼家《よりいえ》・実朝《さねとも》、藤原頼経《よりつね》・頼嗣《よりつぐ》等の歴代の鎌倉将軍も、この疱瘡に冒《おか》されたことがわかる。服部敏良《はっとりとしろう》博士の『鎌倉時代医学史の研究』（吉川弘文館）によると疱瘡は痘瘡《とうそう》（天然痘《てんねんとう》）のことで、一般武家および庶民の罹病《りびょう》者の数にいたっては、想像を絶するものがあったであろう、と記述されている。

1236 嘉禎《かてい》二年（丙申《ひのえさる》）

日蓮大聖人事績

大聖人——十五歳（数え年）

社会の動き

8・4　将軍御所、宇都宮辻子《うつのみやずし》から**若宮大路**《わかみやおおじ》に移転する

8・20　幕府、**南都**《なんと》僧徒《そうと》の蜂起《ほうき》により**後藤基綱**《もとつな》を京に派遣する

10月　幕府、興福寺《こうふくじ》の荘園《しょうえん》を没収する

蒙古《もうこ》軍、高麗《こうらい》に侵攻。高麗八萬大蔵経《はちまんだいぞうきょう》が焼失する

社会の動き

＊**若宮大路《わかみやおおじ》**——鶴岡八幡宮《つるがおかはちまんぐう》から海岸線に向かってまっすぐ南北に延びる若宮大路（当時の若宮小路《こうじ》）は、源頼朝《よりとも》によって建設された武家の都鎌倉のメインストリートである。中央に「段葛《だんかずら》」といわれる参道をもつこの道は、当時幅三十メートルを超す堂々たる大路だった。

＊**南都《なんと》**——奈良の都のこと。奈良は平安京（京都）の南にあったので南都という。

＊**後藤基綱《もとつな》**——生没《せいぼつ》年代は一一八一〜一二五六年。四十九歳の時、検非違使《けびいし》（京都警備）の長官。五十二歳で評定衆《ひょうじょうしゅう》となり、五十六歳の時、南都の僧兵鎮圧《ちんあつ》のため畿内《きない》へ派遣された。

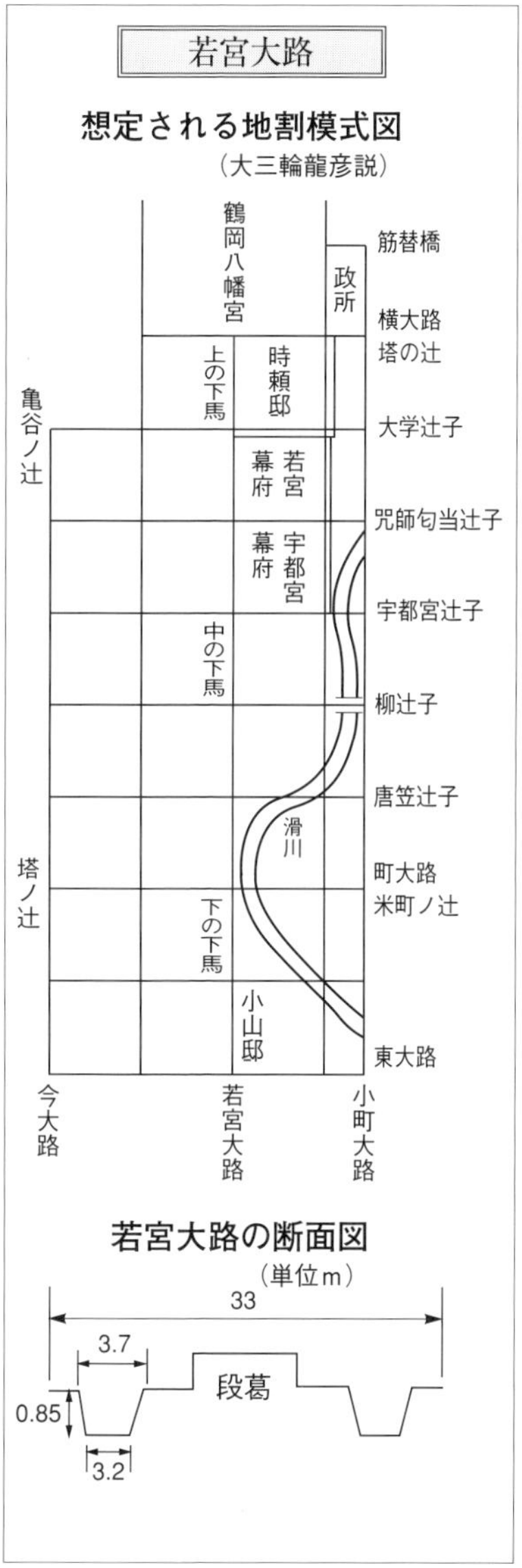

1237 嘉禎《かてい》三年（丁酉《ひのととり》）

日蓮大聖人事績

大聖人──十六歳（数え年）

道善房《どうぜんぼう》を師として出家得度《しゅっけとくど》し、**是聖房《ぜしょうぼう》**と名乗る

社会の動き

3・9 鎌倉、大雨洪水

6・25 幕府、諸社寺ならびに国司《こくし》・領家《りょうけ》の訴訟《そしょう》については、「御《ご》成敗式目《せいばいしきもく》」を適用しないことを下知《げち》する

12月 蒙古《もうこ》軍、現ロシアのリャザン、モスクワ等を攻略し破壊する（～1238）

日蓮大聖人事績

＊道善房《どうぜんぼう》——生没《せいぼつ》年代は？〜一二七六年。日蓮大聖人の出家当時の師で、清澄寺《せいちょうじ》の住僧。建長《けんちょう》五年（一二五三年）四月二十八日の立教開宗の時、地頭《じとう》・東条景信《かげのぶ》の迫害に屈したが、陰《かげ》で大聖人を無事に清澄寺から退出させた。その後も、大聖人の教えを理解したが、帰依《きえ》することはなかった。しかし、大聖人は師の恩を生涯忘れることはなく、建治《けんじ》二年（一二七六年）の道善房の死後に「報恩抄《ほうおんしょう》」（二九三頁）を著《あらわ》して、師への真の報恩は正法流布《るふ》にあることを示している。

＊是聖房《ぜしょうぼう》——日蓮大聖人の出家当時の仮名《けみょう》（房号《ぼうごう》）で、師の道善房より授《さず》かったものと思われる。大聖人が十七歳の時に書写した、「授決円多羅義集唐決上《じゅけつえんたらぎしゅうとうけつ》」の奥書には「嘉禎《かてい》四年太歳戊戌《たいさいつちのえいぬ》十一月十四日　阿房《あわ》国東北御庄清澄山　道善房　東面執筆是聖房　生年十七歳」と記されている。

1238 暦仁《りゃくにん》元年（戊戌《つちのえいぬ》）11・23改元〈嘉禎《かてい》四年〉

日蓮大聖人事績

大聖人――十七歳（数え年）

11・14 「**授決円多羅義集唐決上**《じゅけつえんたらぎしゅうとうけつ》」を清澄寺《せいちょうじ》で書写する

この頃、鎌倉等に遊学する（一四〇七頁）

十七、十八歳のこの頃、念仏の教義を把握《はあく》し、限界を知悉《ちしつ》する（一四九八頁）

社会の動き

2月 蒙古《もうこ》軍、現ロシアのウラジーミル大公国を攻略・破壊。大公ユーリー二世戦死

3・23 **浄光**《じょうこう》、鎌倉深沢で**大仏の造営**《ぞうえい》を始める

6・19 幕府、洛中《らくちゅう》警護のため京都に**篝屋**《かがりや》を置く

7・11 北条泰時《やすとき》、**園城寺**《おんじょうじ》に参詣《さんけい》する

●日蓮大聖人事績

＊「授決円多羅義集唐決《じゅけつえんたらぎしゅうとうけつ》」――日本天台宗が密教化した時代に成立した教学書で、天台宗第五代座主《ざす》・智証《ちしょう》大師円珍《えんちん》の作と伝えられる。日蓮大聖人は、十七歳の時に同書を書写しており、その上巻が神奈川県立金沢文庫に現存する。現存する最古の直筆《じきひつ》文書。同書は、天台宗に伝わる密教の口伝《くでん》を文献化した著作として知られる。

●社会の動き

＊浄光《じょうこう》の鎌倉大仏造営《ぞうえい》――浄光の生没《せいぼつ》年代は不明。念仏僧で鎌倉大仏造立《ぞうりゅう》の提案を幕府にし、自ら勧進聖《かんじんひじり》として、資金集めをした。日蓮大聖人は「兵衛志殿御返事《ひょうえのさかんどのごへんじ》」（一〇九三頁）で大仏殿《だいぶつでん》は名越《なごえ》の一門が建てたとしている。はじめの大仏は木造の阿弥陀仏《あみだぶつ》で、この年（暦仁《りゃくにん》元年）に製作が始まり、寛元《かんげん》元年（一二四三年）に完成した。それから九年後の建長《けんちょう》四年（一二五二年）、今度は金銅《こんどう》の阿弥陀仏が鋳《い》始められる。完成は明確ではないが、弘長《こうちょう》年間といわれている。現在見られる鎌倉大仏は、この金銅の座像である。

＊篝屋《かがりや》――幕府が京都市中の治安維持《ちあんいじ》のために置いた施設。辻ごとに番所を設けて篝火《かがりび》を焚《た》くもので、その負担は御家人《ごけにん》に割り当てられた。鎌倉時代末には、その数は四十八カ所に達した。

＊園城寺《おんじょうじ》——八五九年、天台宗第五代座主《ざす》・円珍《えんちん》（智証《ちしょう》）によって開創《かいそう》された寺で三井寺《みいでら》ともいう。滋賀県大津市にある。比叡山《ひえいざん》を山門派《さんもん》というのに対して、園城寺は寺門派《じもん》という。両派は園城寺が戒壇建立《かいだんこんりゅう》の勅許《ちょっきょ》を願い出たのをきっかけに対立が激化していく。武力抗争や焼き討ちに及ぶなど険悪な関係が鎌倉時代も続いていた。鎌倉幕府は園城寺に比較的好意的で、鶴岡八幡宮《つるがおかはちまんぐう》（本書63頁参照）の別当《べっとう》は園城寺出身者が多かった。

鶴岡八幡宮《つるがおかはちまんぐう》の別当《べっとう》

鶴岡八幡宮が、表向きは神祇信仰《じんぎしんこう》でありながら実態は八幡宮寺として、その別当職《べっとうしき》（住職）や供僧職《くそうしき》のほとんどが東寺《とうじ》と園城寺《おんじょうじ》の僧から任じられた事実、また彼らが宗教的御家人《ごけにん》として幕府に遇《ぐう》されていたことからも、密教の影響力は極《きわ》めて大きかったことがわかる。日蓮大聖人在世中の別当次第を挙《あ》げれば、左表のとおりである。

日蓮大聖人の活躍した期間は隆弁《りゅうべん》の別当期《べっとうき》と重なるが、隆弁のもとで補任《ぶにん》された供僧職二十七人の宗派別内訳は、寺門《じもん》（園城寺）二十名、東寺六名、山門《さんもん》（比叡山《ひえいざん》）一名だったから、鶴岡八幡宮は寺門派がほぼ独占していたといってよい。しかし、東寺勢力も負けてはいなかった。定豪《じょうごう》の師・定清《じょうしょう》（加賀法印）は評定衆《ひょうじょうしゅう》・後藤基綱《もとつな》の弟として、源頼朝《よりとも》が父義朝《よしとも》の菩《ぼ》提《だい》を弔《とむら》うために建立《こんりゅう》した大蔵《おおくら》の勝長寿院《しょうちょうじゅいん》（阿弥陀堂《あみだどう》）の別当職にあり、大聖人は「東寺第一の智者」（「報恩抄」三一七頁）と記し、また文永《ぶんえい》十一年四月十二日の暴風雨は定清の真言祈禱《きとう》が原因であると難じている。

次第	別当	出身	補任《ぶにん》期間
六代	定豪《じょうごう》	東寺《とうじ》	一二二三～一二三四
七代	定雅《じょうが》	東寺	一二三四～一二三九
八代	定親《じょうしん》	東寺	一二三九～一二四七
九代	隆弁《りゅうべん》	寺門《じもん》	一二四七～一二八三

1239　延応《えんおう》元年（己亥《つちのとい》）2・7改元〈暦仁《りゃくにん》二年〉

日蓮大聖人事績

大聖人——十八歳（数え年）

社会の動き

2・22　後鳥羽《ごとば》上皇、隠岐《おき》で没する（60歳）

4・13　幕府、**六波羅探題**《ろくはらたんだい》に命じ、僧徒の帯杖《たいじょう》、博奕《ばくち》を禁止する

5月　幕府、人身売買を禁止する

社会の動き

＊六波羅探題《ろくはらたんだい》――承久《じょうきゅう》の乱後、鎌倉幕府によって、それまでの京都の治安維持《ちあんいじ》を担《にな》った京都守護職《しゅごしょく》に代わって、朝廷《ちょうてい》への監視を目的に設置された役所のこと。南北二人の長を置き、それぞれ南方《みなみがた》、北方《きたかた》と呼ばれた。

鎌倉幕府機構図

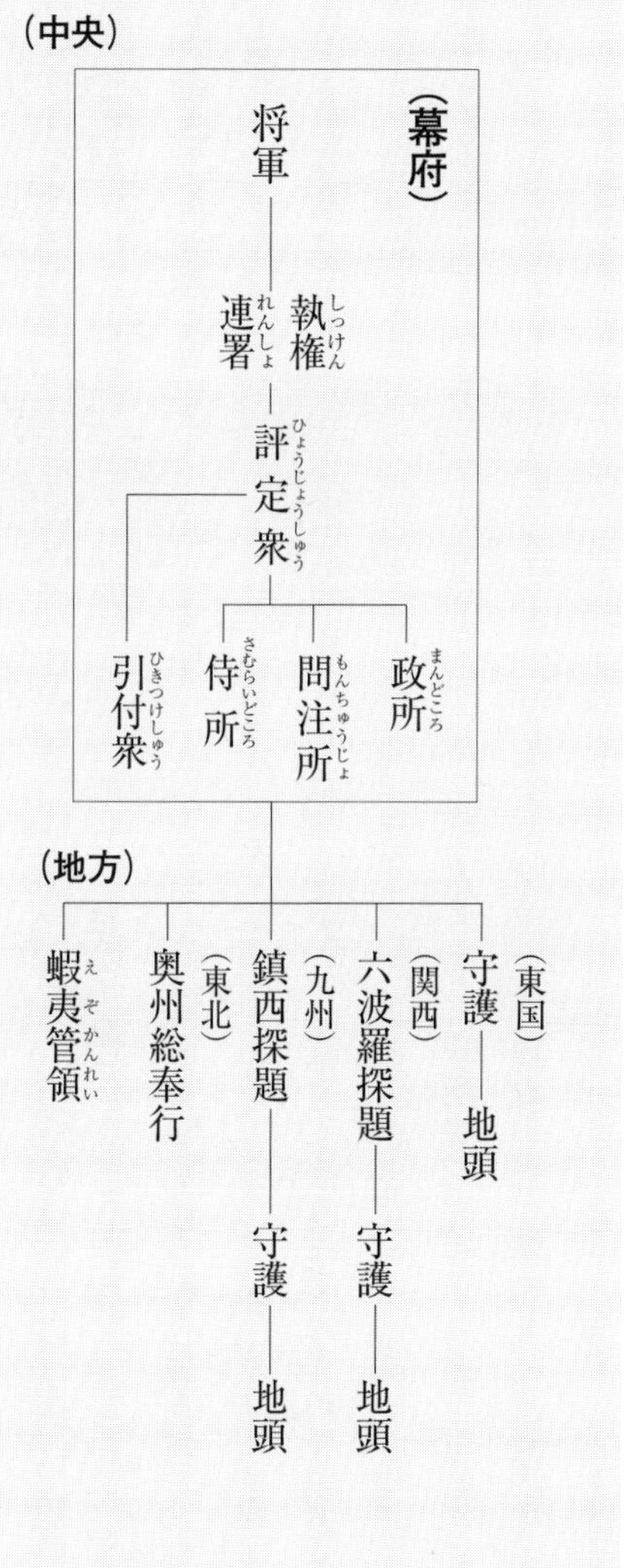

1240 仁治《にんじ》元年（庚子《かのえね》）7・16改元〈延応《えんおう》二年〉

日蓮大聖人事績

大聖人――十九歳（数え年）

社会の動き

1・24 北条時房《ときふさ》没する（66歳）

2月 幕府、鎌倉市中の禁制《きんせい》を定める

2・6 **政所《まんどころ》**焼亡

2・22 鎌倉地震、**鶴岡八幡宮《つるがおかはちまんぐう》**倒壊《とうかい》

5・14 **山門《さんもん》**、配下の祇園**神人《ぎおんじんにん》**に命じて念仏の弾圧を行う（九四頁）

11月 蒙古《もうこ》軍、キエフ占領。キエフ大公国を崩壊《ほうかい》させる

●社会の動き

＊**政所**《まんどころ》――普通、三位《さんみ》以上の位階に任ぜられると開設することができる家政機関を政所という。鎌倉幕府の政所は将軍家の政所であって、四位《しい》どまりであった北条氏の政所ではない。長官を政所別当《べっとう》といい、北条氏が就《つ》き、次官を政所執事《しつじ》といい二階堂氏が世襲《せしゅう》した。

＊**鶴岡八幡宮**《つるがおかはちまんぐう》――源頼朝《よりとも》の祖先である源頼義《よりよし》が、京都の石清水《いわしみず》八幡宮を鎌倉に遷座《せんざ》した（康《こう》平《へい》六年〈一〇六三年〉）のが始まりで、八幡大菩薩は源氏《げんじ》の守護神として尊崇《そんすう》されていた。鶴岡八幡宮の別当は天台宗園城寺《おんじょうじ》や真言宗東寺《とうじ》出身の僧が就任しているから、八幡宮寺とも称《しょう》される。幕府の主要な祭祀《さいし》、行事はここで催《もよお》された。

＊**山門**《さんもん》――比叡山延暦寺《ひえいざんえんりゃくじ》のこと。円珍《えんちん》（智証《ちしょう》）が開いた園城寺を寺門《じもん》というのと対比される。

＊**神人**――「じんにん」あるいは「じにん」と読む。神社の支配のもと、神事や雑役を奉仕する人々をいう。社頭《しゃとう》の警備を行うことから武装化が進み、強訴《ごうそ》の際には神輿《みこし》を奉《ほう》じて先頭に立つなど、中世の神社がもつ武力の先鋒《せんぽう》を担《にな》った。弓の弦《つる》を売ることから「つるめそ」とも呼ばれた「犬神人《いぬじにん》」は、神人のうちでも下級の者たちであった。

1241 仁治《にんじ》二年（辛丑《かのとうし》）

日蓮大聖人事績

大聖人——二十歳（数え年）

社会の動き

2月 〈ユリウス暦4月9日〉蒙古《もうこ》軍、ポーランド・ドイツ諸侯連合軍を撃破する。ポーランド大公ヘンリク二世戦死（ワールシュタットの戦い）
蒙古軍、ハンガリー軍を壊滅《かいめつ》させる（モヒの戦い）

3・27 鎌倉大仏殿上棟《じょうとう》

5・26 幕府、評定衆《ひょうじょうしゅう》・**佐藤業時**《なりとき》を鎮西《ちんぜい》に流す

11月 オゴタイ・ハーン没する

＊**佐藤業時《なりとき》**——生没《せいぼつ》年代は一一九〇～一二四九年。嘉禄《かろく》元年（一二二五年）に設置された評定《ひょうじょう》衆《しゅう》に加わる。落書《らくしょ》（犯人告発のための匿名《とくめい》の投書で相手を陥《おとしい》れようとした）の咎《とが》によって罷免《ひめん》され、鎮西《ちんぜい》（九州）に流された。

鎌倉新仏教の祖師《そし》たち

鎌倉仏教と旧仏教のたてわけはむずかしいが、一般的に南都六宗（倶舎《くしゃ》・成実《じょうじつ》・律《りつ》・法相《ほっそう》・三論《さんろん》・華厳《けごん》）や平安二宗（天台・真言）の旧勢力に対して鎌倉時代に成立した念仏・禅・法華を新仏教という。ここでは念仏・禅を説いた祖師《そし》を一覧にする。

	生没年代	宗名	主著	中心寺院	生誕地
法然《ほうねん》	1133～1212	浄土《じょうど》宗	「選択集《せんちゃくしゅう》」	知恩院《ちおんいん》	岡山
栄西《えいさい》	1141～1215	臨済《りんざい》宗	「興禅護国論《こうぜんごこくろん》」	建仁寺《けんにんじ》	岡山
親鸞《しんらん》	1173～1262	浄土真宗	「教行信証《きょうぎょうしんしょう》」	東・西本願寺《ほんがんじ》	京都
道元《どうげん》	1200～1253	曹洞《そうとう》宗	「正法眼蔵《しょうぼうげんぞう》」	永平寺《えいへいじ》	京都
一遍《いっぺん》	1239～1289	時《じ》宗	「一遍聖人語録《いっぺんしょうにんごろく》」	清浄光寺《しょうじょうこうじ》	愛媛

1242　仁治《にんじ》三年（壬寅《みずのえとら》）

日蓮大聖人事績

大聖人―二十一歳（数え年）

この頃、**比叡山《ひえいざん》等に遊学《ゆうがく》**する

社会の動き

蒙古《もうこ》軍の一隊、オーストリア・ウィーン近郊に迫る

3・3　鎌倉僧徒《そうと》の武装を禁止する

6・15　北条泰時《やすとき》没する（60歳）

6・15　**北条経時《つねとき》**、第四代執権《しっけん》となる

9・12　順徳《じゅんとく》上皇、佐渡で没する（46歳）

日蓮大聖人事績

＊比叡山遊学《ひえいざんゆうがく》――比叡山は、伝教大師最澄《さいちょう》が延暦《えんりゃく》四年（七八五年）に登り、同七年（七八八年）に一乗止観院《いちじょうしかんいん》を開いたことで知られ、弘仁《こうにん》十四年（八二三年）にはここに日本天台宗の総本山である延暦寺が建立《こんりゅう》された。日蓮大聖人は鎌倉遊学を終えて、二十一歳の頃に比叡山に登ったといわれる。その後、三十二歳で立教開宗を宣言するまでの間、ここを拠点に畿内《きない》および紀伊《きい》の高野山《こうやさん》などで仏教修学の日々を送っている。大聖人は比叡山であらゆる経典を読破し、「法華経」こそが釈尊の教えの究極であることを確信するにいたった。

社会の動き

＊北条経時《つねとき》――第四代執権《しっけん》。生没《せいぼつ》年代は一二二四～四六年。祖父《そふ》・泰時《やすとき》の後を継いで、十九歳で執権に。在位四年。病気のため弟・時頼《ときより》に執権職を譲《ゆず》るが、のち経時の息子たちは時頼に冷遇《れいぐう》されるなど、時頼への譲位《じょうい》には不明な点が多い。

1243

寛元元年《かんげんがんねん》（癸卯《みずのとう》）2・26改元〈仁治《にんじ》四年〉

日蓮大聖人事績

大聖人――二十二歳（数え年）

社会の動き

6・16　鎌倉深沢の木造大仏が完成する

8月　**九条道家《みちいえ》**、**東福寺《とうふくじ》**を建てる

チンギス・ハンの孫バトゥ、ロシア・ヨーロッパ遠征を終え、黒海・カスピ海から中央アジアに至る**キプチャク・ハン国**（左地図参照）を建てる

●社会の動き

＊九条道家《みちいえ》――生没《せいぼつ》年代は一一九三〜一二五二年。承久《じょうきゅう》の乱当時、摂政《せっしょう》だったが、娘の子に当たる仲恭《ちゅうきょう》天皇（第八十五代。在位＝承久三年四月〜七月）が廃されると連座して罷免《ひめん》された。しかし、四男の頼経《よりつね》が鎌倉幕府第四代将軍になり、関白《かんぱく》に昇りつめる。源頼朝《よりとも》の征夷《せいい》大将軍職実現に奔走《ほんそう》した九条兼実《かねざね》は祖父に当たる。

＊東福寺《とうふくじ》――関白・九条道家が京都に創建。開基は円爾《えんに》。東福寺命名には、東大寺と興福寺という南都仏教の象徴的寺院を超える大伽藍《がらん》にとの道家の思いが込められていた。はじめは天台・真言・禅兼《けん》修《しゅう》であったが、のち禅宗寺院になる。

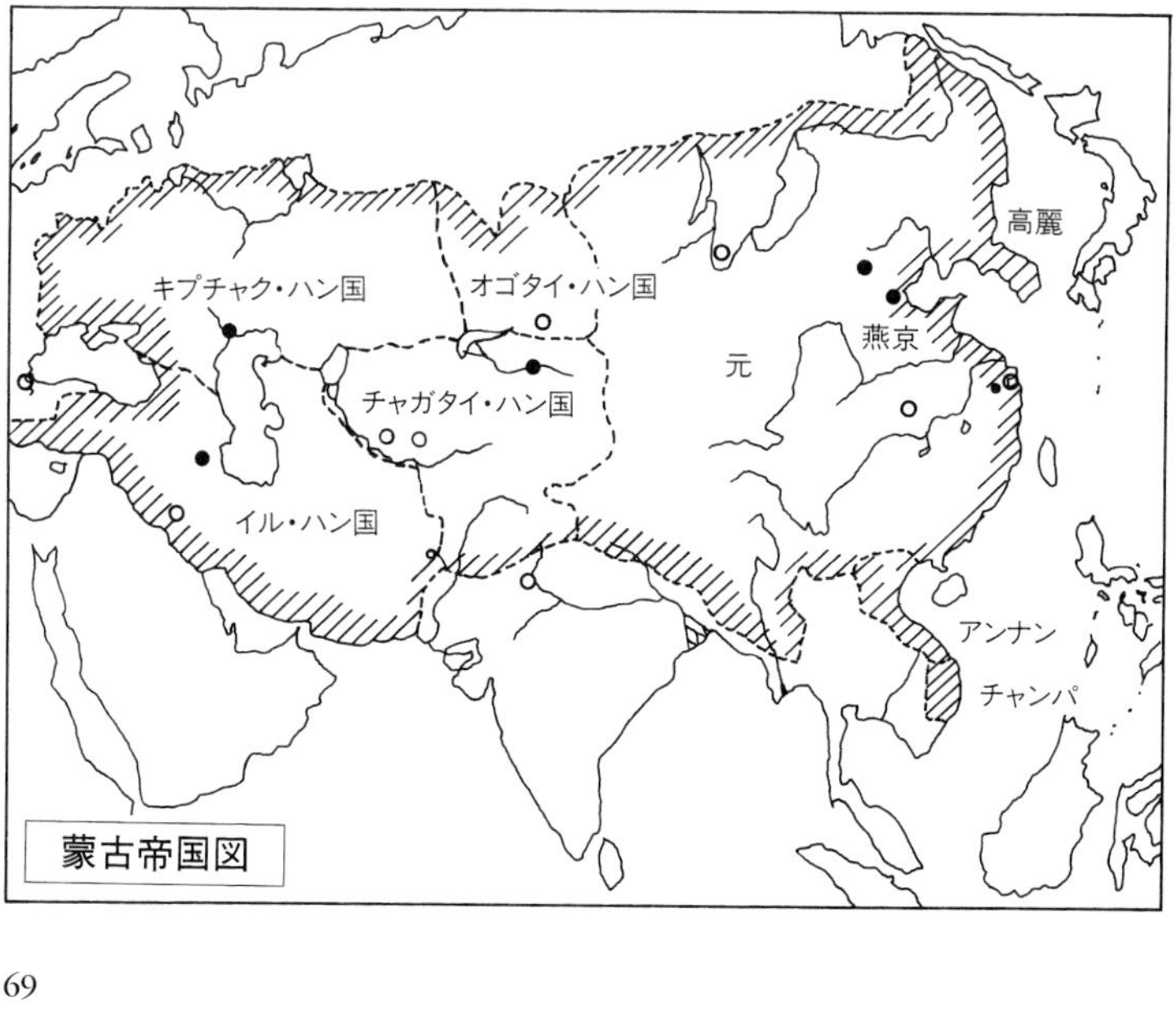

蒙古帝国図

1244 寛元《かんげん》二年（甲辰《きのえたつ》）

日蓮大聖人事績

大聖人——二十三歳（数え年）

社会の動き

4・28 **藤原頼嗣《よりつぐ》**、第五代征夷《せいい》大将軍となる

12・26 政所《まんどころ》、執権《しっけん》・北条経時邸《つねときてい》、**北条時頼《ときより》**邸炎上

エルサレム、イスラーム勢力に再び奪還《だっかん》される

●社会の動き

＊藤原頼嗣《よりつぐ》――生没《せいぼつ》年代は一二三九～五六年。四代将軍・頼経《よりつね》の子。わずか六歳で五代目の将軍に就任。頼経・頼嗣を藤原将軍とも摂家《せっけ》将軍ともいう。北条執権《しっけん》が実質的な権力をにぎっており、将軍といっても名ばかりであった。北条氏は、反執権勢力が藤原将軍のもとに結集するのを回避するため、頼経を退位させ、頼嗣を将軍に立てた。しかし、親王《しんのう》（天皇の皇子）将軍・宗尊《むねたか》が第六代将軍になると（一二五二年）、頼嗣は京都へ追放され、まもなくその地で没した。

＊北条時頼《ときより》――第五代執権。生没年代は一二二七～六三年。北条直系（得宗《とくそう》という）の時頼は、出家をして執権職を庶子家《しょしけ》の長時《ながとき》に譲《ゆず》るが、実際の政務を引き続き掌握《しょうあく》していた。文応《ぶんおう》元年（一二六〇年）の「立正安国論《りっしょうあんこくろん》」提出の相手が、執権の長時ではなく、北条時頼であったのは、時の最高権力者がまちがいなく得宗・時頼であったからである。長時にしても、つぎの政村《まさむら》にしても、その執権職は、あくまでも得宗家の時宗《ときむね》が成人するまでのつなぎであったことは、『吾妻鏡《あずまかがみ》』の康元《こうげん》元年（一二五六年）十一月二十二日条に「今日、執権を武州（長時）に譲らる。……ただし家督《かとく》（時宗のこと）幼稚の程《ほど》の眼代《がんだい》（代理）なり」とあるように明白である。

1245 寛元《かんげん》三年（乙巳《きのとみ》）

日蓮大聖人事績

大聖人──二十四歳（数え年）

社会の動き

2・5 幕府、**殺生禁断《せっしょうきんだん》**を評議する

4・6 **名越朝時《なごえともとき》**没する（53歳）

6・7 幕府、**保奉行《ほうぶぎょう》**に命じ、家ごとに松明《たいまつ》を備えさせる

7・26 京都大地震

社会の動き

＊**殺生禁断**《せっしょうきんだん》——権力者が、一定の領域内で日を限って強制的に殺生を禁止する「殺生禁断」は、仏教の定着に伴って、奈良時代頃からしばしば見られるようになる。その主体はもっぱら朝廷《ちょうてい》であり、東国では狩猟《しゅりょう》を肯定《こうてい》する風潮が強かったが、鎌倉時代にはその影響は幕府にも及び始めた。

＊**名越朝時**《なごえともとき》——北条義時《よしとき》の次男、北条朝時。生没《せいぼつ》年代は一一九三～一二四五年。日蓮大聖人の草庵《そうあん》のあった松葉ケ谷《まつばがやつ》周辺の名越を領有していたので名越氏と称《しょう》した。加賀守《かがのかみ》や越後守《えちごのかみ》などを歴任、評定衆《ひょうじょうしゅう》も務めた。四条金吾《しじょうきんご》の主君・北条光時《みつとき》はその長男。

＊**保奉行**《ほうぶぎょう》——保《ほう》は鎌倉の行政上の地域単位で、その規模は不明。その導入は文暦《ぶんりゃく》二年（一二三五年）以前、将軍御所が若宮大路《わかみやおおじ》沿いに建てられた頃からと思われる。保奉行は保ごとに配置された奉行人で、北条泰時《やすとき》が設置した。主に鎌倉の治安維持《ちあんいじ》に携《たずさ》わり、犯罪の取り締まりなどを行った。守護クラスが任じられているので重要なポストであった。

1246 寛元《かんげん》四年（丙午《ひのえうま》）

日蓮大聖人事績

大聖人――二十五歳（数え年）
（3・8 **日興上人**《にっこうしょうにん》、甲斐大井庄鰍沢《かいおおいかじかざわ》に生まれる）

社会の動き

3・23 北条時頼《ときより》、第五代執権《しっけん》となる
閏《うるう》4・1 北条経時《つねとき》没する（23歳）
5・24 **名越光時**《なごえみつとき》、前将軍・頼経《よりつね》と謀《はか》って時頼と対立する（**宮騒動**《みやそうどう》）
6・13 光時、伊豆《いず》に流罪《るざい》となる。越《えち》後守《ごのかみ》を罷免《ひめん》される
7・11 前将軍・藤原頼経《よりつね》、京に帰る
7月 グユク（定宗《ていそう》、オゴタイの長男）、モンゴル帝国第三代皇帝に即位
この年 宋僧《そうそう》・蘭渓道隆《らんけいどうりゅう》が来日

日蓮大聖人事績

＊日興上人《にっこう》――生没年代《せいぼつ》は一二四六～一三三三年。伯耆阿闍梨《ほうきあじゃり》、白蓮阿闍梨《びゃくれん》ともいう。寛元《かんげん》四年三月八日、甲斐国《かい》（現在の山梨県）巨摩郡《こま》大井庄鰍沢《おおいかじかざわ》に生まれる。父は遠江国《とおとうみ》（静岡県西部）大井の橘《たちばな》氏もしくは紀《き》氏といわれ、母は駿河国《するが》（静岡県中央部）河合の由井《ゆい》（比）氏の女性。幼くして天台宗の僧として出家し、やがて「立正安国論《りっしょうあんこくろん》」執筆のため駿河国の岩本実相寺《いわもとじっそうじ》に滞在中の日蓮大聖人に会い、弟子になったと伝えられている。その後、大聖人の入滅まで常随給仕《じょうずいきゅうじ》し、弘安《こうあん》二年（一二七九年）の熱原《あつはら》の法難では信徒を指導した。

大聖人入滅後も、自らが教化《きょうけ》した地頭《じとう》・波木井実長《はきいさねなが》の領地で大聖人の墓所がある身延《みのぶ》においで師の教えを厳格に守ったが、やがて六老僧の一人・日向《にこう》の影響で実長が四箇《しか》の謗法《ほうぼう》を犯したため実長と訣別《けつべつ》。駿河国富士郡上野郷の地頭・南条時光《ときみつ》の懇請《こんせい》に応じて、大石ケ原《おおいしがはら》に大坊を建立《こんりゅう》してここに移った。その後、富士郡重須郷《おもす》（富士宮市北山）に談所《だんしょ》を開き、四十年にわたって大聖人の法門の継承と弟子の育成に努めた。多くの御書を書写し、大聖人の入滅の際は「御遷化記録《ごせんげ》」を著《あらわ》し、弟子には「日興遺誡置文《にっこうゆいかいおきぶみ》」を残した。

社会の動き

＊名越光時《なごえみつとき》と宮騒動《みやそうどう》――北条泰時《やすとき》の弟・朝時《とももとき》の長男、北条光時。生没年代は不明。将軍・頼《より》

経《つね》に仕《つか》え、将軍派を形成する。頼経《よりつね》は成人したため将軍職を降ろされ、不満に思っていた。北条時頼《ときより》が執権《しっけん》になると将軍派の不穏《ふおん》な動きが生じ、時頼は首謀者《しゅぼうしゃ》として名越光時《なごえみつとき》を伊豆《いず》へ流罪《るざい》し、前将軍・藤原頼経を京都へ追放した。この一連の将軍派弾圧事件を「宮騒動《みやそうどう》」という。

このとき、光時に仕《つか》えていたのが四条金吾《しじょうきんご》の父で、最後まで主君に従い、伊豆へ供奉《ぐぶ》した。日蓮大聖人は「頼基陳状《よりもとちんじょう》」（一一六一頁）で、四条親子がともに忠義の家来《けらい》であることを讃えられている。

武家の呼称

御書には「武蔵守《むさしのかみ》」「武蔵前司《むさしぜんじ》」「相模守《さがみのかみ》」など武家の呼称が多く記されている。主な武将がどのような官職で表現されていたのか一覧で示す。（　）内の数字は御書の頁数。

◆「武蔵守」の歴代在位期間と呼称

北条泰時《やすとき》　承久《じょうきゅう》三年から暦仁《りゃくにん》元年〈一二二一年から一二三八年〉
北条朝直《ともなお》　暦仁元年から寛元《かんげん》元年〈一二三八年から一二四三年〉遠江守《とおとうみのかみ》に転任
　寛元四年から康元《こうげん》元年〈一二四六年から一二五六年〉再任
北条長時《ながとき》　康元元年から文永《ぶんえい》元年〈一二五六年から一二六四年〉

北条宣時《のぶとき》　文永四年から文永十年〈一二六七年から一二七三年〉
北条義政《よしまさ》　文永十年から建治《けんじ》三年〈一二七三年から一二七七年〉

北条泰時　「武蔵守」（九〇）（九二）（一〇二）（一三五四）
「武蔵前司」（九四）（九六）　「武蔵前司入道」（九四）
「武蔵の前司入道」（一二五〇）　「武蔵の守殿」（一三五三）
北条朝直　「武蔵前司」（一二八八）
北条長時　「両国（武蔵・相模）の吏《り》」（一二九四）という表現あり
北条宣時　「武蔵守」（九一四）（九二〇）　「武蔵前司」（九二〇）
「武蔵の前司」（一三一三）（一三一六）
北条義政　「武蔵の入道」（一〇九一）　「武蔵のかう《守》殿」（一一六三）

◆「相模守」の歴代在位期間

北条義時《よしとき》　元久《げんきゅう》元年から建保《けんぽう》五年〈一二〇四年から一二一七年〉
北条時房《ときふさ》　建保五年から嘉禎《かてい》二年〈一二一七年から一二三六年〉
北条重時《しげとき》　嘉禎三年から建長《けんちょう》元年〈一二三七年から一二四九年〉
北条時頼《ときより》　建長元年から康元《こうげん》元年〈一二四九年から一二五六年〉
北条政村《まさむら》　正嘉《しょうか》元年から文永《ぶんえい》二年〈一二五七年から一二六五年〉
北条時宗《ときむね》　文永二年から弘安《こうあん》七年〈一二六五年から一二八四年〉

◆北条氏の呼称

北条義時《よしとき》「相州《そうしゅう》」（三五四）ただしこれは例外的で「権《ごん》の大夫」と記される
「権の大夫」（二八二）（三二一）（三七一）（五八七）（八九四）（一一六一）（一五二〇）
「権大夫」（九二一）
「右京の権の大夫」（一〇七六）　「右京の権大夫」（一五七七）
「故権の大夫」（一二五〇）　「故権太夫」（一二八六）

北条時房《ときふさ》「平の将軍」（一〇九五）
「相模守《さがみのかみ》」（九〇）

北条重時《しげとき》「極楽寺《ごくらくじ》殿」（三二二）（九一一）（一〇九三）（一四一三）（一四六一）
「極楽寺入道」（九一一）（一三三三）

北条時頼《ときより》「故最明寺《こさいみょうじ》入道」（三三三）（一六九）（一八三）（三七一）（九一一）（一二一九）
（一二七二）（一三三三）（一三三四）（一四一二）
「最明寺」（二八七）（七一八）（八四三）（九一一）（一二九四）（一六〇四）
「故最明寺」（一七三）（一七六）（三二二）（九二七）（一一九〇）（一四六一）
「故最明寺の入道」（三五五）　「古最明寺入道」（三四）

北条政村《まさむら》「両国（武蔵《むさし》・相模）の吏《り》」（一二九四）という表現あり

北条時宗《ときむね》「相模の守殿」（一七二）　「相模殿」（一三三六）
「さがみ殿」（一〇九五）（一四八〇）　「さがみどの」（一一四六）

「守殿」（九一七）（九二一）（一〇九三）（一一〇八）（一四六一）（一四七八）

「かうどの」（九一五）　「かうのとの」（一四七八）

◆その他

源頼朝《よりとも》　「右《う》大将」（一〇七六）（一四二九）（一五一八）　「兵衛佐《ひょうえのすけ》」（三七三）

「右大将家」（九六）（五一三）（五八七）（一一八九）

「故大将家」（一二四〇）　「源の右将軍」（三四）（一〇二〇）（一〇九五）

「故右大将家」（一二八六）（一四三四）　「大将殿」（一一七二）　「大将どの」（一五三一）

源義経《よしつね》　「九郎判官《くろうほうがん》」（九五八）

北条朝時《ともとき》　「式部《しきぶ》殿」（一三五四）

北条業時《なりとき》　「少弼《しょうひつ》殿」（一二七六）

少弐資能《しょうにすけよし》　「豊前前司《ぶぜんぜんじ》」〈文永《ぶんえい》の役《えき》で戦う〉（一三三〇）

北条政子《まさこ》　「二位《にい》家」（九六）　「二位殿」（九六）

なお、武家ではないが同じ「二位」の記述があり、これは後鳥羽《ごとば》上皇の乳母であった藤原兼子《かねこ》〈「二位殿」（九三三）「京の二位」（一五三三）〉のことを指す。

平清盛《きよもり》　「太政入道」（一八二）（三一二）（三七三）（五一三）（九一二）（九一九）（一五一八）

「太上入道」（一五二〇）　「大《政》上入道」（一五三四）　「安芸《あき》の守《かみ》」（一四二九）

＊北条の各武将については、北条氏系図（本書83頁）を参照

1247 宝治《ほうじ》元年（丁未《ひのとひつじ》）2・28改元〈寛元《かんげん》五年〉

日蓮大聖人事績

大聖人——二十六歳（数え年）

社会の動き

6・5 北条時頼《ときより》、**三浦泰村《やすむら》**を討《う》つ（**宝治《ほうじ》の合戦《かっせん》**）。泰村（45歳）とその一族滅亡（九五七頁）

7・27 **北条重時《しげとき》**、京より下向《げこう》して**連《れん》署《しょ》**に就任する

8・3 **道元《どうげん》**、時頼の招きにより**鎌倉に入る**

10月 聖徳太子の『**法華経義疏《ぎしょ》**』が刊行される

11・7 寿福寺《じゅふくじ》焼失

11・26 鎌倉大地震

社会の動き

＊三浦泰村《やすむら》――生没《せいぼつ》年代は一二〇三〜四七年。承久《じょうきゅう》の乱では父・義村《よしむら》とともに活躍、のち評定衆《ひょうじょうしゅう》に。宮騒動《みやそうどう》（寛元《かんげん》四年〈一二四六年〉、本書75〜76頁参照）で、弟・光村《みつむら》が連座《れんざ》し処罰された頃から北条氏と折り合いが悪くなり、宝治《ほうじ》の合戦《かっせん》に敗《やぶ》れ自害した。

＊宝治《ほうじ》の合戦《かっせん》――北条氏に対抗できる有力御家人《ごけにん》・三浦氏が滅ぼされた事件。三浦泰村は安《あ》達景盛《だちかげもり》の挑発《ちょうはつ》に乗って合戦にいたり、執権《しっけん》・北条時頼《ときより》に敗れ、一族郎党とともに自害した。これにより北条政権は強固となり、大きな内乱もなく平穏《へいおん》な時代が続く。しかし、内乱は二十六年後、文永《ぶんえい》九年の二月騒動として起こる。「宝治の合戦すでに二十六年今年二月十一日十七日又合戦あり」（九五七頁）と「佐渡《さど》御書」には記されている。

＊北条重時《しげとき》――生没年代は一一九八〜一二六一年。二代執権・北条義時《よしとき》の三男。駿河守《するがのかみ》、相模守《さがみのかみ》などの幕府の重職を経て、宝治元年に執権・時頼のもとで連署《れんしょ》になる。十年間権力の頂点にいた。最初の武家家訓《かくん》といわれる「北条重時家訓」を残す。時頼の後、執権になった長時《ながとき》の父で念仏の強信者《ごうしんじゃ》でもあり、極楽寺《ごくらくじ》で死去したので極楽寺重時とも称《しょう》される。
文永元年十一月の小松原《こまつばら》の法難の時、日蓮大聖人を襲撃した東条景信《とうじょうかげのぶ》は重時の家臣である。大聖人の伊豆流罪《いずるざい》中の重時の死は、大聖人の赦免《しゃめん》への道が開かれる一つの要因となっ

た。また、重時《しげとき》の娘は北条時頼《ときより》の妻となり、時宗《ときむね》を生んだ。

＊**連署《れんしょ》**――執権《しっけん》と同格で、初代の連署には承久《じょうきゅう》の乱後、執権・泰時《やすとき》を後見する形で叔父《おじ》の時房《ときふさ》が就《つ》いた。「下知状《げちじょう》」や「御教書《みぎょうしょ》」などの公文書《こうぶんしょ》に執権と連ねて署名するので連署という。歴代の連署については北条氏系図（本書83頁）を参照。

＊**道元《どうげん》**――生没《せいぼつ》年代は一二〇〇～五三年。曹洞《そうとう》宗（禅）の祖。父は土御門《つちみかど》上皇の外祖父《がいそふ》であった内大臣《ないだいじん》・源通親《みちちか》。三歳で父を八歳で母を失い、十三歳で比叡山《ひえいざん》に入山。二十四歳の時、栄西《えいさい》の弟子・明全《みょうぜん》とともに入宋《にっそう》。如浄《にょじょう》に師事し、帰国後曹洞宗を弘める。京都に興聖寺《こうしょうじ》を開き、拠点としたが、のちに福井に永平《えいへい》寺を開いて晩年を過ごした。主著『正法眼蔵《しょうぼうげんぞう》』。

＊**道元の鎌倉入り**――権力者との交渉を絶って越前《えちぜん》（現在の福井県）の永平寺に入った道元が、そこを出ることになった出来事がこの鎌倉下向《げこう》だった。この背景には、権力を手にして以来血なまぐさい闘争を重ねてきた、若き北条時頼の懇請《こんせい》があったといわれる。しかし、両者は理解しあえぬままに決裂したという。

＊**『法華経義疏《ほけきょうぎしょ》』**――『法華経義疏』は、『勝鬘経義疏《しょうまんぎょうぎしょ》』『維摩経義疏《ゆいまきょうぎしょ》』とともに「三経義疏《さんぎょうぎしょ》」と称《しょう》され、聖徳《しょうとく》太子の著作とされるものである。他の二経の疏とともに宝治《ほうじ》年間に相次いで版木《はんぎ》に彫《ほ》られ、刊行されて広く人々に読まれることになった。

北条氏系図

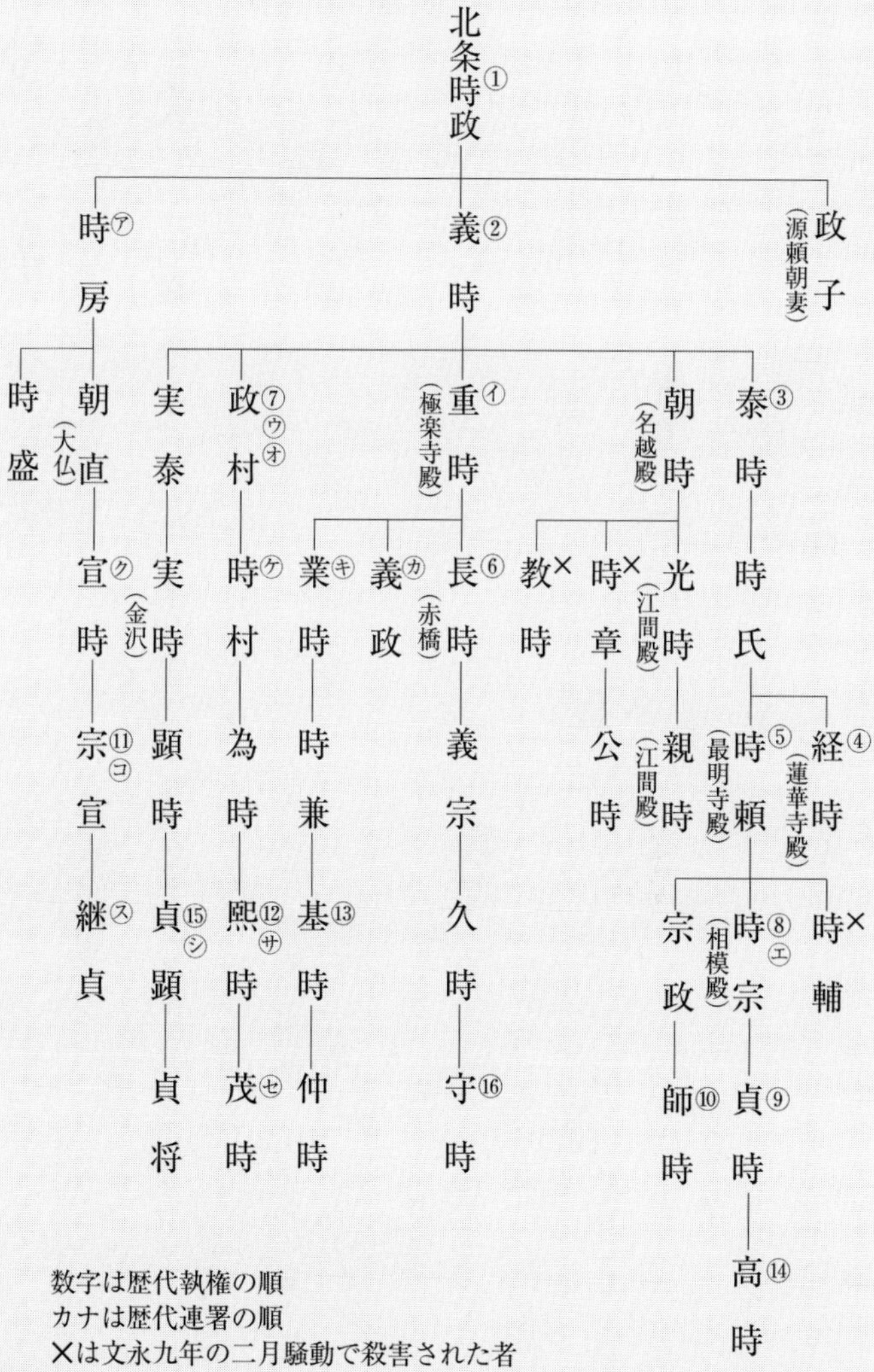

数字は歴代執権の順
カナは歴代連署の順
×は文永九年の二月騒動で殺害された者

1248 宝治《ほうじ》二年（戊申《つちのえさる》）

日蓮大聖人事績

大聖人――二十七歳（数え年）

社会の動き

3月　グユク・ハン没する

5・15　幕府、以後、主従間の訴訟《そしょう》を受理しないことを定める

第6回十字軍（～54、第7回ともいう）フランス王ルイ九世、エルサレム奪還《だっかん》に失敗

13世紀のヨーロッパ

この頃のヨーロッパは、農業生産力が上昇し、商業活動が活発となり、貨幣経済《かへいけいざい》が浸透《しんとう》し、自由都市が発達した。中世ヨーロッパの精神的支柱であったキリスト教会の力も最盛期を迎え、イスラーム勢力を駆逐《くちく》する十字軍が七回（回数には諸説がある）にわたって行われた。また、修道会が各地に設置され、教会の管理下において、大学も各地に設置された。しかし、一二〇二年の第4回十字軍が聖地エルサレム奪還《だっかん》という本来の目的を外《はず》れ、同じキリスト教国のビザンツ帝国を攻撃したように、宗教的理念も世俗《せぞく》的利害に左右されるようになった。

十字軍は封建《ほうけん》貴族の経済的疲弊《ひへい》を招き、相対的に王権《おうけん》が強化されたが、他方でその王権を制御《せいぎょ》するため、大貴族、高位聖職者、都市大商人による身分制議会が設置された。教皇庁《きょうこうちょう》は各国から宗教税を徴収していたが、国王は議会の支持を得て、国内の富が教皇庁に流出することを禁止するようになった。フランス国王の圧力により、一三〇九年に教皇庁はローマからフランスのアヴィニョンに移った。これはローマ教皇を頂点とする中世的ヨーロッパから、各国国王を中心にした近代的国民国家の形成へという歴史的転換を象徴した事件であった。

1249 建長《けんちょう》元年（己酉《つちのととり》）3・18改元〈宝治《ほうじ》三年〉

日蓮大聖人事績

大聖人——二十八歳（数え年）

社会の動き

3・23 京都大火

12・13 幕府、**引付衆**《ひきつけしゅう》を設置する

社会の動き

*引付衆《ひきつけしゅう》——建長《けんちょう》元年、迅速《じんそく》かつ公平な裁判をめざすために設置された制度で、従来からあった評定衆《ひょうじょうしゅう》に引付衆が加わり、これを三番あるいは五番に分け、交代で重要事項の処理に当たった。引付衆は北条氏をはじめ有力御家人《ごけにん》、実務官僚《じつむかんりょう》から選ばれ、北条氏は引付衆から評定衆へと進む者が大半であった。

評定衆・引付衆の人数（「関東評定衆伝」より）

元号	貞永元	天福元	文暦元	嘉禎元	嘉禎二	嘉禎三	暦仁元	延応元	仁治元	仁治二	仁治三
西暦	1232	1233	1234	1235	1236	1237	1238	1239	1240	1241	1242
評定衆人数	23	12	15	16	16	14	17	20	18	20	19
（内北条氏）	4	0	0	0	1	1	1	3	3	5	5
引付衆人数											
（内北条氏）											

元号	西暦	評定衆人数	(内北条氏)	引付衆人数	(内北条氏)
寛元元	1243	20	5		
寛元二	1244	21	3		
寛元三	1245	21	3		
寛元四	1246	21	3		
宝治元	1247	18	4		
宝治二	1248	14	4		
建長元	1249	15	4	5	0
建長二	1250	15	4	5	0
建長三	1251	15	4	5	0
建長四	1252	13	3	9	1
建長五	1253	14	4	11	0
建長六	1254	11	4	14	0
建長七	1255	11	4	14	0
康元元	1256	13	5	15	1
正嘉元	1257	10	3	16	1
正嘉二	1258	10	3	14	1
正元元	1259	13	3	14	1
文応元	1260	13	3	14	1
弘長元	1261	13	3	13	1
弘長二	1262	12	3	14	1
弘長三	1263	11	3	13	1
文永元	1264	14	3	9	2

元号	西暦	評定衆人数	(内北条氏)	引付衆人数	(内北条氏)
文永二	1265	15	4	12	6
文永三	1266	15	4	9	4
文永四	1267	17	5	–	–
文永五	1268	16	5	–	–
文永六	1269	15	5	15	5
文永七	1270	17	6	14	4
文永八	1271	17	6	15	4
文永九	1272	16	7	15	4
文永十	1273	17	7	13	3
文永十一	1274	15	6	13	3
建治元	1275	15	6	16	3

元号	西暦	評定衆人数	(内北条氏)	引付衆人数	(内北条氏)
建治二	1276	17	5	12	2
建治三	1277	16	6	11	2
弘安元	1278	18	6	10	2
弘安二	1279	18	6	9	2
弘安三	1280	18	6	9	2
弘安四	1281	17	6	11	3
弘安五	1282	17	5	12	3
弘安六	1283	17	5	14	2
弘安七	1284	16	5	14	2
弘安八	1285				
弘安九	1286				

1250 建長《けんちょう》二年（庚戌《かのえいぬ》）

日蓮大聖人事績

大聖人—二十九歳（数え年）
（日持《にちじ》、駿河《するが》国松野に生まれる）

社会の動き

3月　京都大火
4・20　幕府、庶民の武装を禁ずる

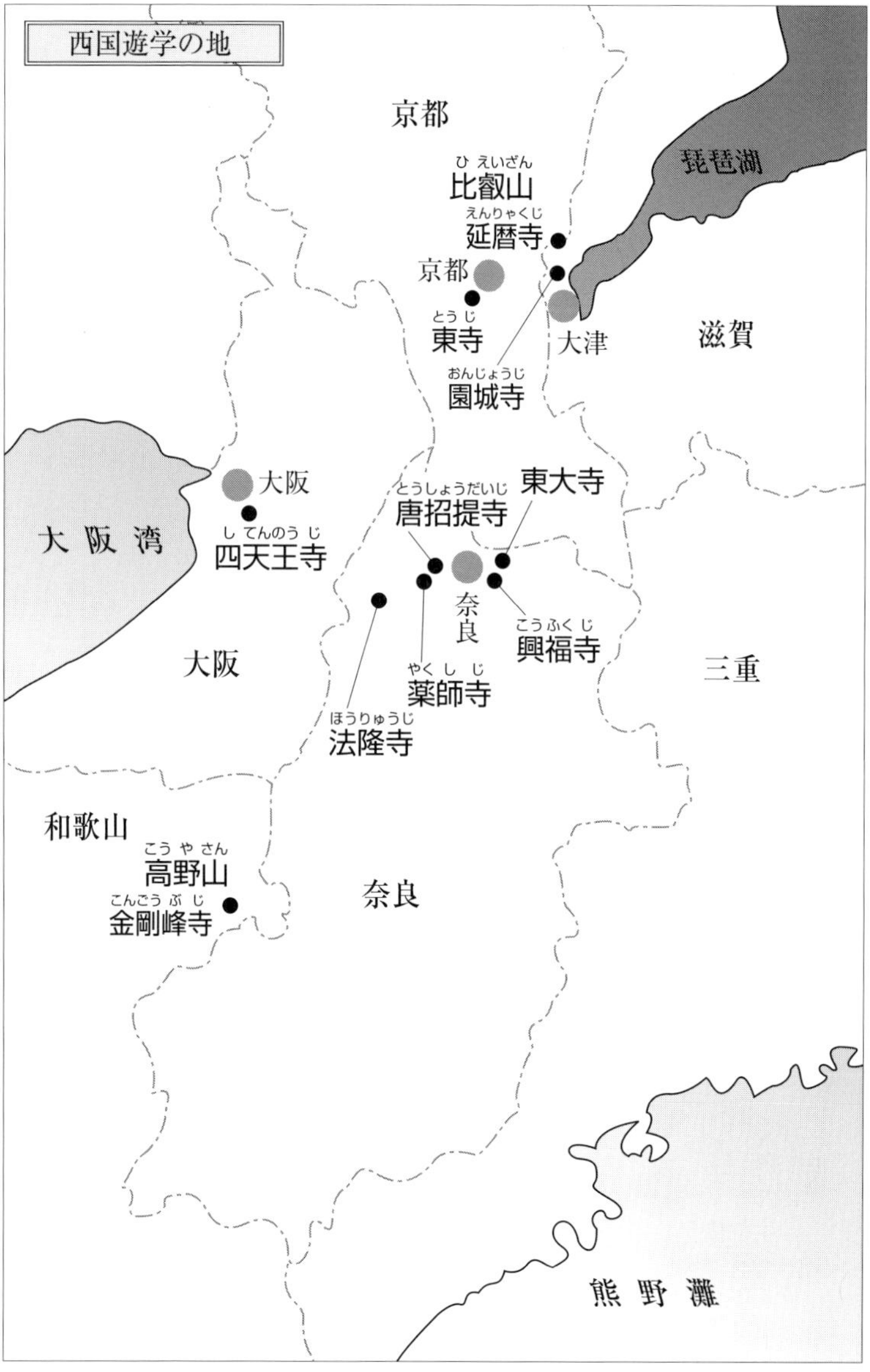

西国遊学の地
京都
琵琶湖
比叡山《ひえいざん》
延暦寺《えんりゃくじ》
京都
東寺《とうじ》
大津
滋賀
園城寺《おんじょうじ》
大阪
大阪湾
唐招提寺《とうしょうだいじ》
東大寺
四天王寺《してんのうじ》
奈良
興福寺《こうふくじ》
大阪
三重
薬師寺《やくしじ》
法隆寺《ほうりゅうじ》
和歌山
高野山《こうやさん》
金剛峰寺《こんごうぶじ》
奈良
熊野灘

1251　建長《けんちょう》三年（辛亥《かのとい》）

日蓮大聖人事績

大聖人──三十歳（数え年）

この頃、京都（**五条之坊門富小路**《ごじょうのぼうもんとみのこうじ》）で仏教典籍《てんせき》を書写する

社会の動き

2・10　鎌倉大火、若宮大路《わかみやおおじ》周辺に及ぶ

4・23　鎌倉大雨洪水

6月　モンケ（憲宗《けんそう》、チンギス・ハンの孫）、モンゴル帝国第四代皇帝に即位

11月　北条長時《ながとき》が**浄光明寺**《じょうこうみょうじ》を建てる

12・3　**鎌倉市中の商業区域**を定める（大町・小町・米町・亀ケ谷《かめがやつ》の辻《つじ》・和賀江《わかえ》・大倉の辻・気和《けわ》飛坂《いざか》山上の七カ所）

◎社会の動き

＊浄光明寺《じょうこうみょうじ》――六代執権《しっけん》・北条長時《ながとき》の創建。開山は真阿《しんあ》。はじめ念仏の寺であったのを、真言・律・禅・浄土の兼修《けんしゅう》にしたとされる。長時はこの寺で死去している。

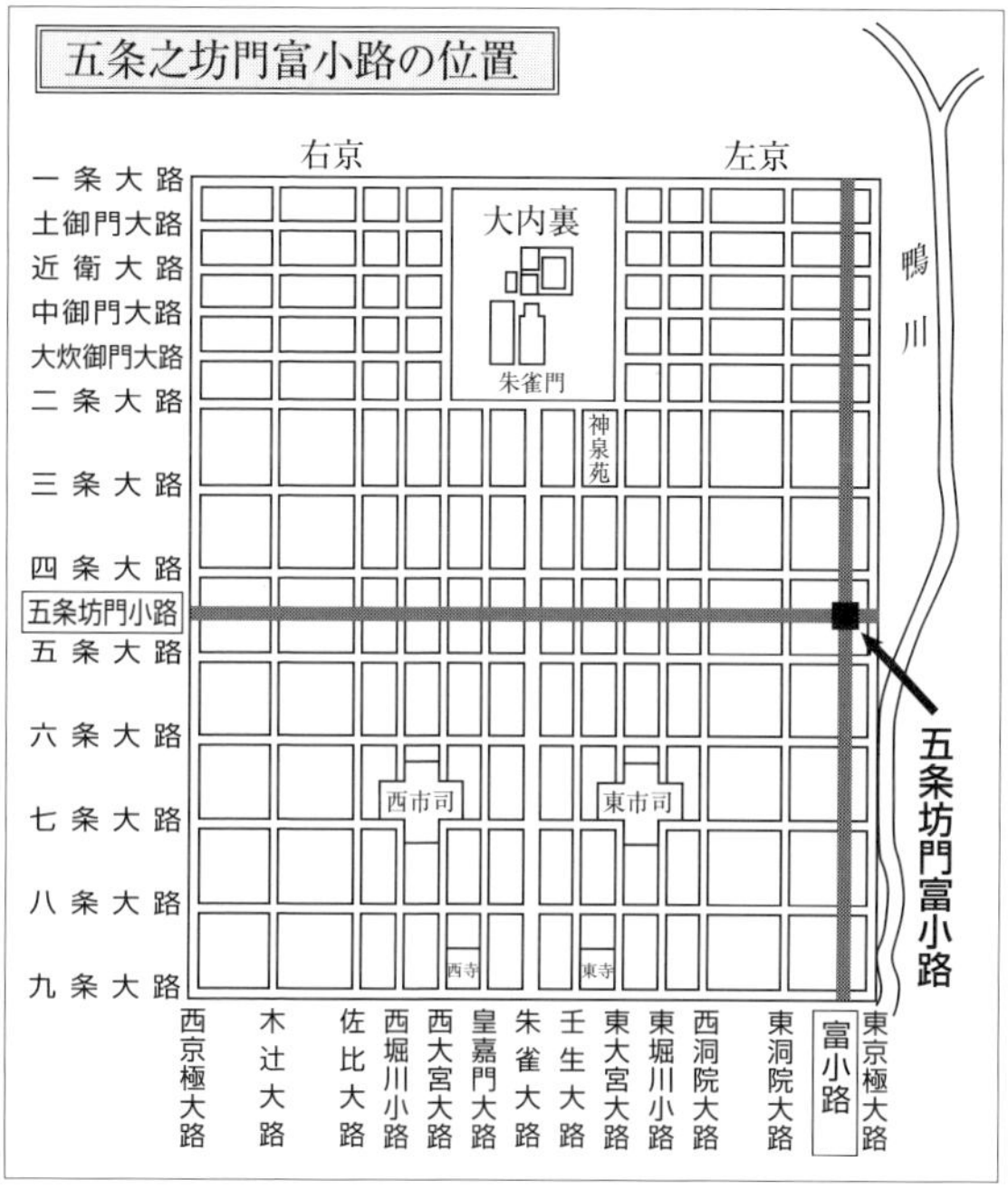

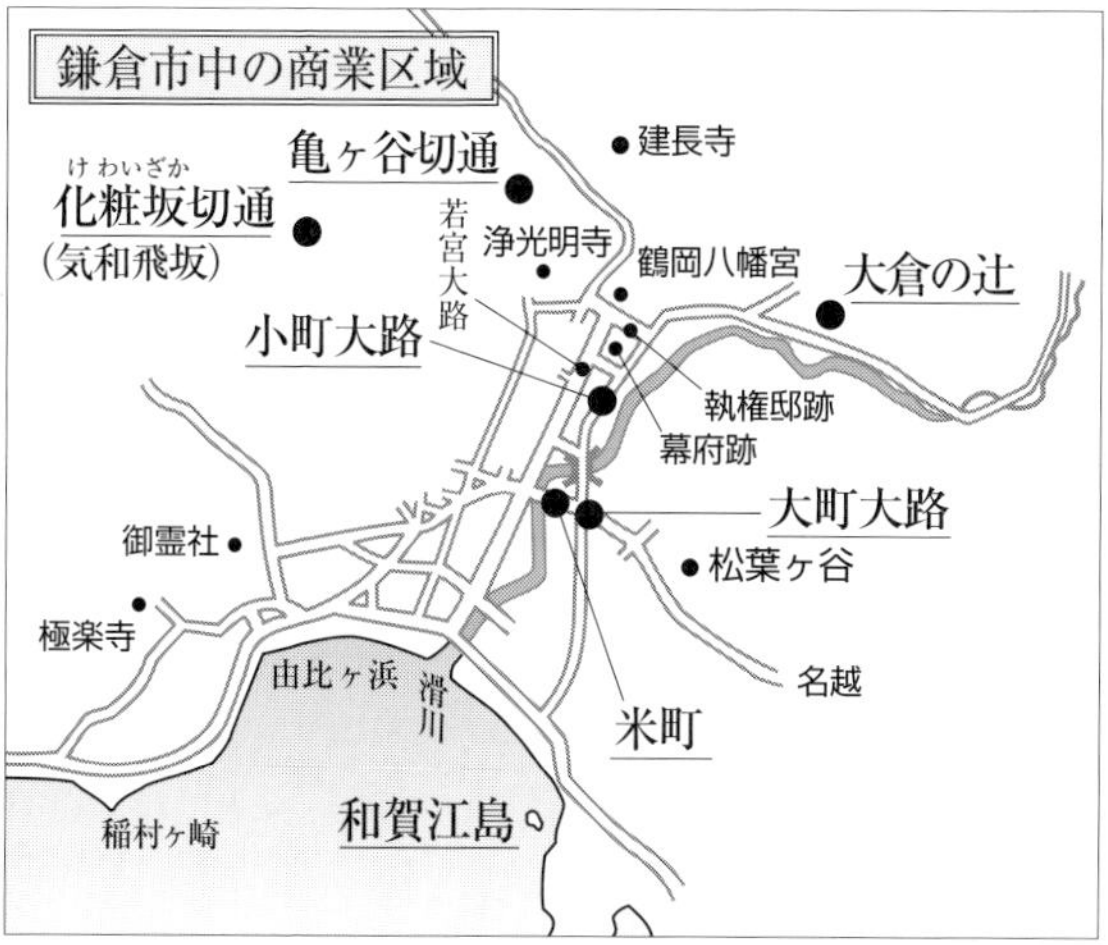

1252 建長《けんちょう》四年（壬子《みずのえね》）

日蓮大聖人事績

大聖人——三十一歳（数え年）

（日頂《にっちょう》、駿河《するが》国重須《おもす》に生まれる）

社会の動き

2・20 幕府、将軍頼嗣《よりつぐ》を廃する

4・1 **宗尊親王《むねたかしんのう》**、第六代征夷《せいい》大将軍となる

4・2 頼嗣、鎌倉を発し京都に向かう

4・30 引付衆《ひきつけしゅう》を三方から五方にふやす

8・17 幕府、深沢の大仏を木造から金銅仏にする（鎌倉大仏）

この年 **良観房忍性《りょうかんぼうにんしょう》**、関東へ下向《げこう》する

＊宗尊親王《むねたかしんのう》――生没《せいぼつ》年代は一二四二～七四年。第六代の征夷《せいい》大将軍。父は後嵯峨《ごさが》天皇なので、親王将軍といわれる。以後、親王将軍が鎌倉幕府滅亡まで続く。宗尊は十一歳で将軍となり、北条時頼《ときより》の娘を妻としている。文永《ぶんえい》三年、二十五歳の時、反北条執権《しっけん》の言動により京都に追放されている。

＊良観房忍性《りょうかんぼうにんしょう》――生没年代は一二一七～一三〇三年。真言律宗の僧。極楽寺《ごくらくじ》良観のこと。叡尊《えいそん》（本書127頁参照）に師事《しじ》していたが、この年常陸《ひたち》（現在の茨城県北部）の三村寺《みむらじ》に入る。のち鎌倉の極楽寺に住んで戒律の普及《ふきゅう》に努め、盛んに社会事業を行った。日蓮大聖人はその活動が権力と結び付いた偽善《ぎぜん》にすぎないとして厳しく批判した。大聖人に祈雨《きう》をめぐって敗《やぶ》れ、竜《たつ》の口《くち》の法難の首謀者《しゅぼうしゃ》として大聖人を迫害した。

1253　建長《けんちょう》五年（癸丑《みずのとうし》）

日蓮大聖人事績

大聖人―三十二歳（数え年）

この頃、日蓮と名乗る

4・28　安房《あわ》国清澄寺《せいちょうじ》で**立教開宗**する（一一八九頁）

東条景信《かげのぶ》によって清澄寺を追われ、**浄顕房**《じょうけんぼう》・**義**《ぎ》**城房**《じょうぼう》にかくまわれる（三二四頁）

この頃、鎌倉に出て、**松葉ケ谷**《まつばがやつ》に草庵《そうあん》を結ぶ

（11月　日昭《にっしょう》が弟子となる）

（この頃、**富木常忍**《ときじょうにん》が帰依《きえ》する）

この年、清澄の**領家**《りょうけ》に代わって東条景信との訴《そ》訟《しょう》を引き受け、勝利に導く（八九四頁）

社会の動き

8・28　道元《どうげん》没する（54歳）

10・11　幕府、薪炭《しんたん》の価格と木材の尺法を定める

11・25　**蘭渓道隆**《らんけいどうりゅう》を導師として建長寺の落慶《らっけい》供養《くよう》が行われる

12月　蒙古《もうこ》軍、中国西南の大理《だいり》国（雲《うん》南《なん》省）を征服（～1254）

◎**日蓮大聖人事績**

＊立教開宗——建長《けんちょう》五年（一二五三年）四月二十八日、安房国《あわ》（現在の千葉県南部）長狭《ながさ》郡東条《とうじょう》郷にある清澄寺諸仏坊《せいちょうじしょぶつぼう》の持仏堂《じぶつどう》で、日蓮大聖人が南無妙法蓮華経と唱え自らの法門を説き始めたこと（立宗宣言）。「法華経」を中心とする青年期の修学によって、末法《まっぽう》における正法を覚知《かくち》した大聖人は、ここに布教を開始するとともに独自の法門の完成を目指して、「法華経」身読《しんどく》の闘争を繰り広げていった。

＊東条景信《かげのぶ》——安房国長狭郡東条郷の地頭《じとう》。念仏者であった景信は、建長五年（一二五三年）四月二十八日の立教開宗の時、日蓮大聖人を迫害して清澄寺から退去させた。その後も、大聖人が味方した領家《りょうけ》の尼《あま》との訴訟《そしょう》に敗《やぶ》れたことなどを恨《うら》み続け、文永《ぶんえい》元年（一二六四年）十一月十一日には小松原《こまつばら》の法難で大聖人を襲《おそ》い、傷を負わせた。

＊浄顕房《じょうけんぼう》・義城《ぎじょう》（浄）房《ぼう》——清澄寺の道善房《どうぜんぼう》の弟子で、二人とも日蓮大聖人の兄弟子に当たる。建長五年（一二五三年）四月二十八日の立教開宗の時、二人で東条景信の迫害から大聖人を守り、無事に清澄寺からの下山を導いた。その後も大聖人と二人の音信は途絶《とだ》えることなく、師の道善房の死に際して大聖人が執筆した「報恩抄《ほうおんしょう》」は、浄顕房・義城房に与えられている。

＊**松葉《まつば》ヶ谷《がやつ》**――現在の神奈川県鎌倉市大町にあったと思われる地名で、建長《けんちょう》五年（一二五三年）の立教開宗の後、日蓮大聖人はここに草庵《そうあん》を結《むす》んだ。文応《ぶんおう》元年（一二六〇年）七月または八月、大聖人はこの草庵で、「立正安《りっしょうあん》国論《こくろん》」の提出に怒《いか》った念仏者たちの襲撃《しゅうげき》に値《あ》っている。これを松葉ヶ谷の法難という。

＊**富木常忍《ときじょうにん》**――生没《せいぼつ》年代は一二一六～九九年。富城氏、土木氏とも書き、通称を五郎といった。中年期に入道《にゅうどう》したので、富木入道とも呼ばれる。下総《しもうさ》国葛飾《かつしか》郡（現在の千葉県市川市）に住み、下総の守護《しゅご》・千葉氏に仕《つか》えていた武士で、本領は因幡《いなば》国（鳥取県）富城《とき》郡にあった。すでに立教開宗以前から日蓮大聖人と親交があったとされ、松葉ヶ谷の

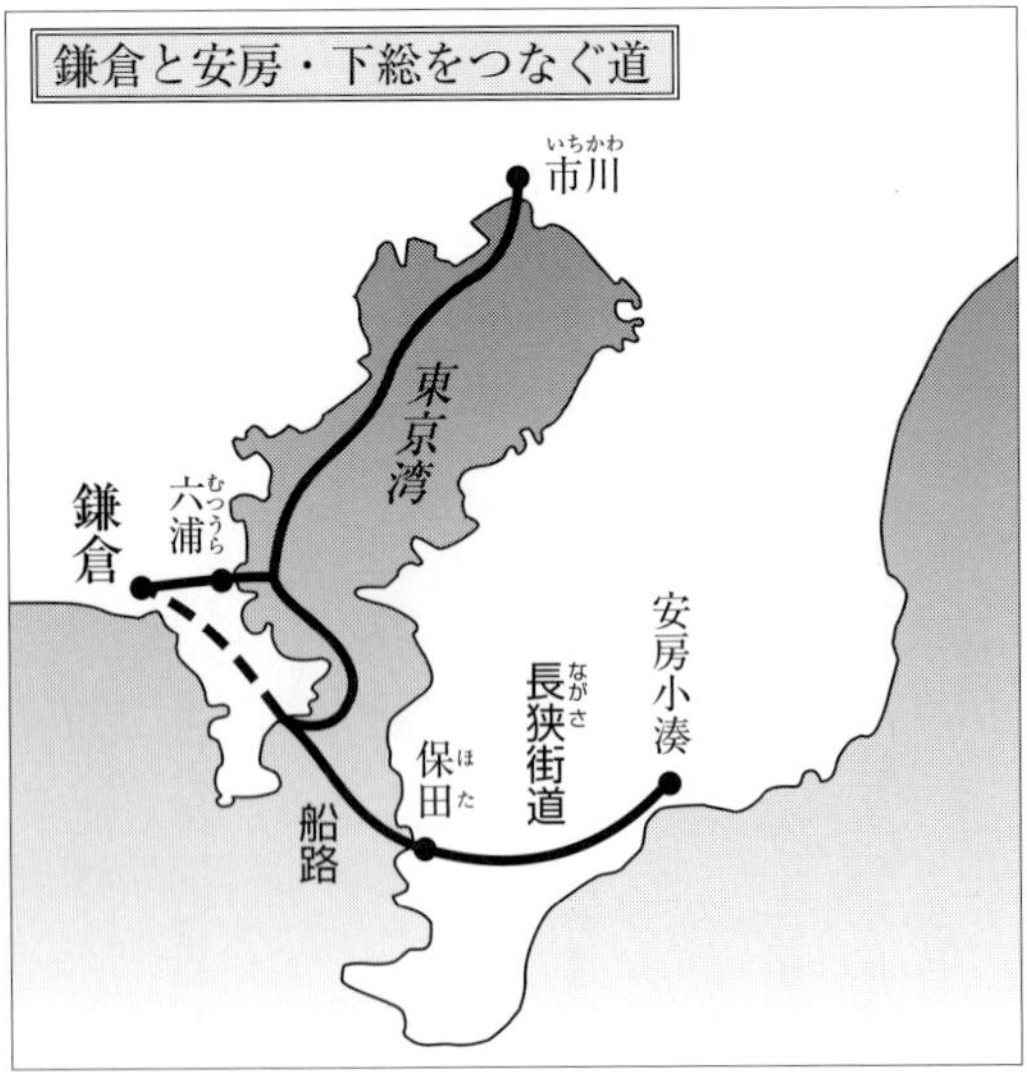

法難の折には、大聖人を自邸の法華堂にかくまうなど、早くから門下の中心として活躍した。学識にすぐれ、「観心本尊抄《かんじんのほんぞんしょう》」などの漢文体の重書を多く与えられている。また夫人の尼《あま》も、大聖人より多数の御書を送られ、出家した子・伊《い》予房日頂《よぼうにっちょう》は、のちに六老僧《ろくろうそう》の一人に数えられた。大聖人滅後は常修院日常《じょうしゅういんにちじょう》と名乗り、若宮《わかみや》の法華堂を法華寺と改めたり、大聖人より賜《たまわ》った御本尊、御書等の目録《もくろく》を作ったりした。

＊領家《りょうけ》――荘園領主《しょうえんりょうしゅ》のこと。ここでは、日蓮大聖人が領家の尼と呼んだ、安房《あわ》国（現在の千葉県南部）長狭《ながさ》郡東条《とうじょう》郷の荘園領主である夫を亡くした女性を指している。大聖人は、幼少のころ父母とともにこの領家の尼の恩を受けており、領家と東条郷の地頭である東条景《かげ》信《のぶ》との訴訟《そしょう》では領家の側に立ち、領家を勝利に導いている。領家の尼は、竜《たつ》の口《くち》の法難の時に退転するが、のちに帰服し、大聖人もその後生善処《ごしょうぜんしょ》を祈っている。

社会の動き

＊蘭渓道隆《らんけいどうりゅう》――生没年代は一二一三～七八年。寛元《かんげん》四年（一二四六年）に中国から渡来《とらい》した禅《ぜん》僧《そう》。臨済宗楊岐派《りんざいしゅうようぎは》に属する。この年、北条時頼《ときより》が建立《こんりゅう》した建長寺の開山となる。のち元《げん》のスパイであると疑われて一時甲斐《かい》（山梨県）に流されるが、公武《こうぶ》の権力者の帰依《きえ》を集めた。日蓮大聖人は権力にすりよるその姿勢を批判し、「禅天魔《ぜんてんま》」の代表的人物とみなしている。

1254 建長《けんちょう》六年（甲寅《きのえとら》）

日蓮大聖人事績

大聖人―三十三歳（数え年）

（日朗《にちろう》が弟子となる）

社会の動き

1・10 鎌倉大火、名越《なごえ》周辺を焼く

5・1 幕府、人の質入を禁止する

この年 **円爾《えんに》**、鎌倉**寿福寺《じゅふくじ》**に住する

● 社会の動き

＊円爾《えんに》――生没年代《せいぼつ》は一二〇二～八〇年。臨済禅宗《りんざいぜんしゅう》の僧。聖一国師《しょういちこくし》ともいう。一二三五年に中国より渡来《とらい》。九条道家《みちいえ》に請《こ》われ、東福寺《とうふくじ》の開山に。鎌倉へはこの年を含めて、三回下っている。

＊寿福寺《じゅふくじ》――鎌倉五山の一つに数えられる臨済宗の禅寺。正治《しょうじ》二年（一二〇〇年）、源頼朝《よりとも》の妻・北条政子《まさこ》の発願によって建《こん》立《りゅう》され、栄西《えいさい》を開山とする。文永《ぶんえい》五年（一二六八年）、日蓮大聖人は寿福寺に宛てた書状（「十一通御書」の一つ）の中で、「早く邪見《じゃけん》を翻《ひるがえ》し達磨《だるま》の法を捨てて一乗正法に帰せしむ可《べ》し」（二七五頁）と述べ、同寺に対し公場対決を強く迫られた。

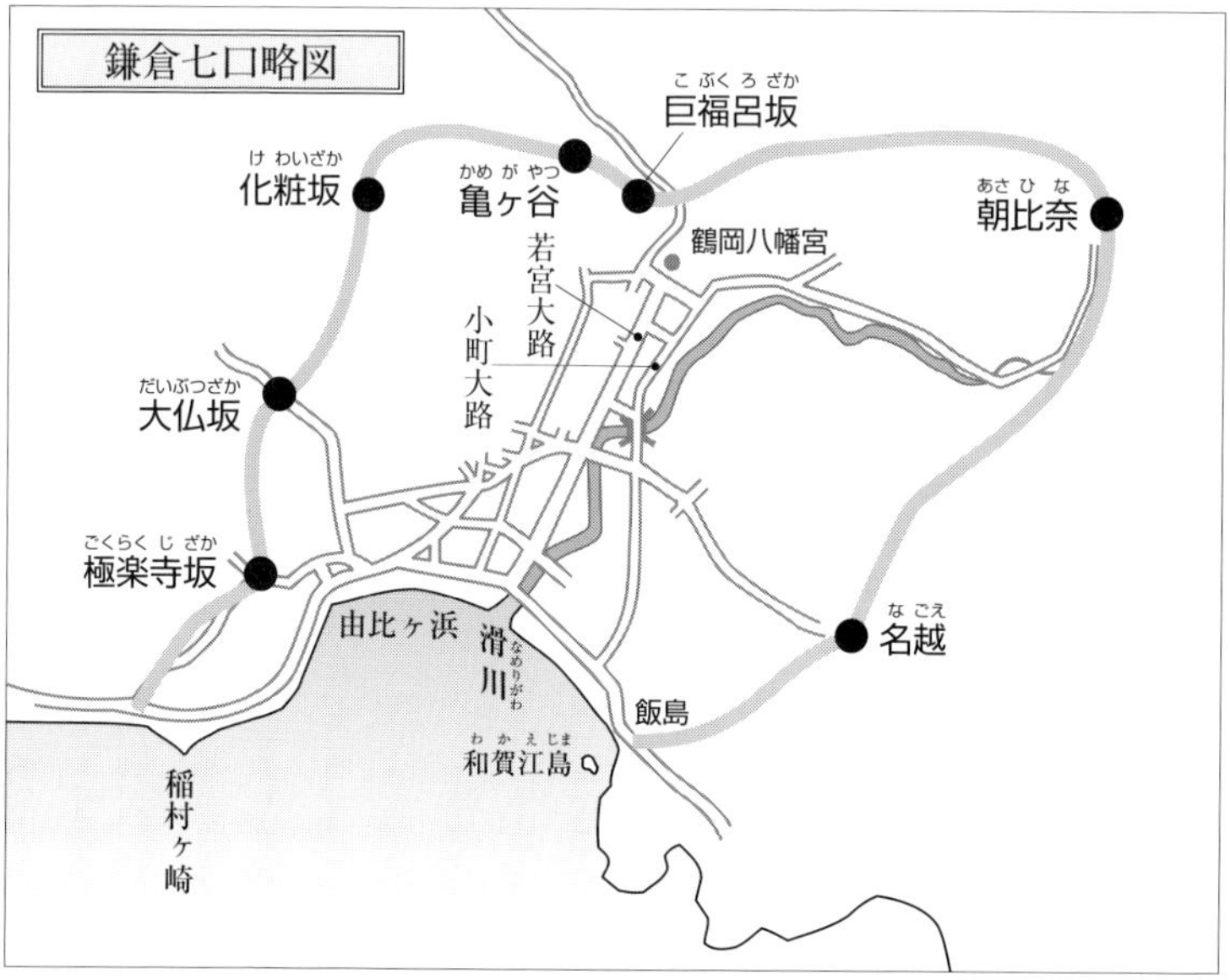

1255 建長《けんちょう》七年（乙卯《きのとう》）

日蓮大聖人事績

大聖人―三十四歳（数え年）
「一生成仏抄《いっしょうじょうぶつしょう》」（三八三頁）等を著《あらわ》す

社会の動き

2・12 興福寺《こうふくじ》衆徒、東大寺《とうだいじ》の房舎《ぼうしゃ》を焼く

社会の動き

＊東大寺《とうだいじ》と興福寺《こうふくじ》の対立――奈良時代に国家の総力をあげて建立《こんりゅう》された東大寺ではあったが、鎌倉時代には興福寺の風下《かざしも》に立つことが多かった。両寺院は同じ南都《なんと》（奈良）の寺としてたびたび共闘したが、ひとたび利権が対立するようになると、武装した僧侶（悪僧・僧兵）による抗争が繰り広げられた。

御書

【一生成仏抄《いっしょうじょうぶつしょう》】

執筆年次や宛先は不明だが、建長《けんちょう》七年（一二五五年）に、日蓮大聖人が鎌倉から下総《しもうさ》（現在の千葉県北部）の富木常忍《ときじょうにん》に与えられたと伝えられる手紙。内容は一生成仏を勧《すす》めたもので、妙法を唱えることが一生成仏の直道《じきどう》であり、余経は法華経に比較すれば麤法《そほう》で、成仏の法ではない。ただ題目を唱えることが一生成仏を決定すると教えられている。

大聖人の著作活動は、立教開宗以前からあるが、立教開宗以前は修学期であり、その著作物も、自身の思想を記したというものではなく、既存《きそん》の文献の書写や修学した内容をまとめたものである。また立宗後の建長七年前後の著作とされる御抄が数編あるが、執筆年代が確定していないものが多い。また、その内容は法門・教理を整理した小論などである。

1256 康元《こうげん》元年（丙辰《ひのえたつ》）10・5改元〈建長《けんちょう》八年〉

日蓮大聖人事績

大聖人―三十五歳（数え年）
（この頃、工藤吉隆《くどうよしたか》・池上宗仲《むねなか》・**四条金吾《しじょうきんご》**ら入信）

社会の動き

これより正元《しょうげん》二年まで種々の災害発生（八〇頁）
3・11 北条重時《しげとき》、連署《れんしょ》を辞任し極楽《ごくらく》寺《じ》で出家する
8・6 鎌倉大風洪水《こうずい》
9月 赤斑瘡《あかもがさ》流行
11・3 北条時頼《ときより》、赤痢《せきり》にかかる
11・22 **北条長時《ながとき》**、第六代執権《しっけん》に就任する
11・23 北条時頼、**最明寺《さいみょうじ》**で出家する
12・11 **勝長寿院《しょうちょうじゅいん》**焼ける

日蓮大聖人事績

＊四条金吾《しじょうきんご》――生没《せいぼつ》年代は一二三〇頃～一三〇〇年頃。日蓮大聖人の檀越《だんのつ》で、四条中務《なかつかさ》三郎左衛門尉頼基《さえもんのじょうよりもと》のこと。金吾は役職名。北条氏の一門の江間《えま》氏（名越《なごえ》氏）に仕《つか》えた武士であるが、医術にも優れていた。妻は日眼女《にちげんにょ》といわれる。建長《けんちょう》年間に入信し、竜《たつ》の口《くち》の法難では殉死《じゅんし》の覚悟で大聖人の供《とも》をした。江間氏に信仰を反対され所領を没収されたが、大聖人の起草した「頼基陳状《よりもとちんじょう》」（一一五三頁）により事態は好転し、所領の回復と新たな土地の給与を得た。

社会の動き

＊北条長時《ながとき》――第六代執権《しっけん》。生没年代は一二三〇～六四年。父は北条重時《しげとき》。五代執権・北条時頼《ときより》の後を継ぐ。しかし、長時の執権就任はあくまで中継ぎで、『吾妻鏡《あずまかがみ》』では「眼代《がんだい》」（代理）と表現している。弘長《こうちょう》元年（一二六一年）、日蓮大聖人を伊豆《いず》流罪《るざい》に処した時の執権。

＊最明寺《さいみょうじ》――時頼が蘭渓道隆《らんけいどうりゅう》を戒師《かいし》として出家した寺。ここで没し、故最明寺殿と呼ばれた。

＊勝長寿院《しょうちょうじゅいん》――一一八四年に源頼朝《よりとも》によって創建された寺。当時は鎌倉でも屈指《くっし》の規模《きぼ》を有していた。この年頼朝の墓所《ぼしょ》（法華堂）前から出火し、勝長寿院は焼失《しょうしつ》した。しかし、すぐ再建され正嘉《しょうか》二年にはほぼ復興している。ただし現在は存在せず、跡地となっている。

1257 正嘉《しょうか》元年（丁巳《ひのとみ》）3・14改元〈康元《こうげん》二年〉

日蓮大聖人事績

大聖人――三十六歳（数え年）

社会の動き

3・7 **園城寺《おんじょうじ》の戒壇《かいだん》**について不認可の院宣《いんぜん》が下される

3・27 園城寺衆徒、戒壇建立《こんりゅう》の勅許《ちょっきょ》を求めて強訴《ごうそ》する

6・23 加賀《かが》法印《ほういん》定清《じょうしょう》（本書178頁参照）が祈雨《きう》する

8・23 戌亥《いぬい》（午後11時頃）の刻、鎌倉大地震（**正嘉《しょうか》の大地震**）（三二三頁）

蒙古《もうこ》軍、ベトナム北部の大越国《だいえつ》（陳朝《ちん》）へ侵攻

＊園城寺《おんじょうじ》の戒壇《かいだん》――十世紀に比叡山《ひえいざん》から分離独立して以来、同じ天台宗である山門《さんもん》とは別に独自の国家公認の戒壇をもつことは、園城寺の悲願となった。園城寺はことあるごとに戒壇の認可を要求したが、犬猿《けんえん》の仲である延暦寺《えんりゃくじ》の反対によってことごとく押し潰《つぶ》された。

＊正嘉《しょうか》の大地震――正嘉元年（一二五七年）八月二十三日に、鎌倉を中心に起こった大地震。その後、いく度も余震が続いたという。鎌倉全域に甚大《じんだい》な被害が及び、地震後も飢饉《ききん》や疫病《えきびょう》が広がり、凄惨《せいさん》をきわめた。日蓮大聖人は、鎌倉の地にあってこの地震を体験したが、それが直接の契機《けいき》となって「立正安国論《りっしょうあんこくろん》」を執筆し、こうした天変地異《てんぺんちい》が起きる原因は人々が正法に帰依《きえ》していないからであるとした。

1258　正嘉《しょうか》二年（戊午《つちのえうま》）

日蓮大聖人事績

大聖人―三十七歳（数え年）

この頃、駿河《するが》国**岩本実相寺**《いわもとじっそうじ》（本書210頁地図参照）で一切経《いっさいきょう》を閲覧《えつらん》する

（この頃、日興《にっこう》上人が弟子となる）

（この年、**父妙日**《みょうにち》逝《ゆ》く）

2・14　**「一代聖教大意《いちだいしょうぎょうたいい》」**（三九〇頁）を著《あらわ》す

社会の動き

1月　蒙古《もうこ》軍、バグダッドを占領・破壊。アッバース朝滅亡

1・17　鎌倉寿福寺《じゅふくじ》炎上

2・10　幕府評定《ひょうじょう》で、以後の裁判の基準を源氏《げんじ》三代将軍ならびに北条政子《まさこ》の御成敗《ごせいばい》に準ずることを定める（九六頁）

5・1　延暦寺《えんりゃくじ》衆徒の強訴《ごうそ》により、園《おん》城寺戒壇《じょうじかいだん》認可の宣下《せんげ》を撤回

6月　鎌倉大寒気

8・1　京畿《けいき》大風雨（三三頁）

9・21　諸国に群盗蜂起《ぐんとうほうき》。幕府、**守護**《しゅご》に逮捕《たいほ》指令を出す

10・16　鎌倉大雨洪水《こうずい》、溺死《できし》者多数
この年　疫病《えきびょう》流行（一二四八頁）

日蓮大聖人事績

＊岩本実相寺《いわもとじっそうじ》――駿河《するが》国（現在の静岡県中央部）蒲原《かんばら》荘岩本の比叡山横川《ひえいざんよかわ》系の寺院で、経蔵《きょうぞう》には一切経《いっさいきょう》が納められていたという。日蓮大聖人は、この経蔵に籠《こ》もって天変地異《てんぺんちい》の起こる由来を経典に求めたと伝えられるが、当寺にいた日源《にちげん》はこうした大聖人の姿に接して、のちに弟子になったといわれ、伯耆房《ほうきぼう》、のちの日興《にっこう》上人もこの時に入門したという。

＊父妙日《みょうにち》――日蓮大聖人の父は、御書の記述から、安房《あわ》国（現在の千葉県南部）長狭《ながさ》郡東条《とうじょう》郷片海《かたうみ》の漁師《りょうし》たちを束《たば》ねる荘官層《しょうかんそう》であったと思われる。父の名は、貫名重忠《ぬきなしげただ》とも三国《みくに》の太夫《たゆう》とも伝えられているが、はっきりしたことはわからない。妙日は、大聖人によってつけられた法名といわれるが、御書にはその名が記されていないので、これについても確かなことはわからない。

社会の動き

＊守護《しゅご》――鎌倉幕府の職名。室町幕府にも受け継がれた。源頼朝《よりとも》が弟・義経《よしつね》らを捜索《そうさく》する名

目で、勅許《ちょっきょ》を得て地頭《じとう》とともに設置した。『吾妻鏡《あずまかがみ》』では「守護《しゅご》」と記されているが、もともとは国ごとに置かれた「惣追捕使《そうついぶし》」とされる。有力御家人《ごけにん》が任命され、のち謀反人《むほんにん》の逮捕《たいほ》など、「大犯三箇条《だいぼんさんかじょう》」といわれる軍事・警察権を担当して、治安維持《ちあんいじ》に当たった。

御書

【一代聖教大意《いちだいしょうぎょうたいい》】

「一代大意」ともいう。日蓮大聖人が三十七歳の正嘉《しょうか》二年（一二五八年）二月、鎌倉で述作した書。日目《にちもく》上人の写本が保田《ほた》（千葉県安房《あわ》郡鋸南町《きょなんまち》）妙本寺にある。天台大師の化法《けほう》の四教と五時の説に基づき、釈尊が生涯に説いたとされる諸教の大意を述べ、法華経こそ釈尊の出世《しゅっせ》の本懐《ほんかい》であることを明らかにし、念仏等の主張の誤りを破折《はしゃく》している。

天変《てんぺん》地夭《ちよう》年譜（「立正安国論」提出前のもの）

建長六年（一二五四年）七月	暴風雨
康元元年（一二五六年）六月	洪水、白昼光物
八月六日	大風、洪水、疫病流行
正嘉元年（一二五七年）五月一日	日蝕
八月二十三日	大地震、地下水湧出、火災
九月四日	地震
十一月八日	大地震、若宮大路焼失
同二年（一二五八年）八月一日	暴風
十月十六日	洪水
十二月十六日	地震、雷鳴
同三年（一二五九年）	大飢饉
正元元年（一二五九年）	大疫病
文応元年（一二六〇年）六月一日	疾風・暴風・洪水

1259　正元元年《しょうげん》（己《つちのと》　未《ひつじ》）3・26改元〈正嘉三年《しょうか》〉

日蓮大聖人事績

大聖人——三十八歳（数え年）

「**守護国家論**《しゅごこっかろん》」（三六頁）等を著《あらわ》す

10・13　**北条朝直**《ともなお》の召集により、念仏者らと法論対決
（一二八八頁）

社会の動き

この年　大飢饉《ききん》。疫病《えきびょう》が流行し、多数の死者が出る（二三頁）

2・10　幕府、窮民《きゅうみん》が**山野河海**《さんやかかい》に入って食料を求めることを認める

高麗《こうらい》、蒙古《もうこ》に服属し、皇太子を人質として差し出す

7月　モンケ・ハーン没する

●社会の動き

＊山野河海《さんやかかい》――鎌倉時代にはいると、荘園領主《しょうえんりょうしゅ》や地頭《じとう》は原野・山・河をも含めた土地の囲い込みを進め、庶民の領地への立入を禁止して、独占的な支配を確立しようとした。しかし、そうした山野河海はもともと庶民が食料を入手するための場であったため、特に飢饉《ききん》の年には、幕府は地頭などに命じて、人々がそこに入ることを認めさせた。

＊北条朝直《ともなお》――生没《せいぼつ》年代は一二〇六～六四年。父は北条時房《ときふさ》。三十三歳で武蔵守《むさしのかみ》、翌年評定衆《ひょうじょうしゅう》に加わる。正元《しょうげん》元年の時は一番引付頭人《ひきつけとうにん》だった。

●御書

【守護国家論《しゅごこっかろん》】

諸説あるが正元元年（一二五九年）、日蓮大聖人が三十八歳の時の著作とされる。「立正安《りっしょうあん》国論《こくろん》」に先立つ初期の大部の著作。内容は、当時の打ち続く災難の根源は法然《ほうねん》の『選択集《せんちゃくしゅう》』による謗法《ほうぼう》にあると念仏を徹底的に打ち破るとともに、末法《まっぽう》の人々の救済と安穏《あんのん》な国土の確立は、法華経によるしかないことを七つの部門に分けて示している。真蹟《しんせき》は身延《みのぶ》にかつてあったが、明治八年（一八七五年）の大火で焼失した。

1260　文応《ぶんおう》元年（庚申《かのえさる》）4・13改元〈正元《しょうげん》二年〉

日蓮大聖人事績

大聖人―三十九歳（数え年）

（4・28　**日目《にちもく》**、伊《い》豆畠《ずはたけ》郷に生まれる）

5・28　鎌倉**名越《なごえ》**で「**唱法華題目抄《しょうほっけだいもくしょう》**」（一頁）を著《あらわ》す

7・16　「**立正安国論《りっしょうあんこくろん》**」（一七頁）を著し、**宿屋禅門《やどやぜんもん》**を介《かい》して前執権《しっけん》・北条時頼《ときより》に上奏《じょうそう》する

7月または8月　**松葉ケ谷《まつばがやつ》の法難**

（比企《ひき》大学三郎、**大田乗明《おおたじょうみょう》**、**曾谷教信《そやきょうしん》**、秋元太郎ら入信）

社会の動き

この年　疫病《えきびょう》流行し、おさまらず（三三三頁）

3・24　フビライ（世祖《せいそ》、チンギス・ハンの孫）、モンゴル帝国第五代皇帝（大ハーン）に即位

4・29　鎌倉大火、長楽寺《ちょうらくじ》前より亀ケ谷《かめがやつ》に及ぶ

6・12　幕府、諸国の社寺に疫病をはらう祈願を命じる

蒙古《もうこ》軍、シリアに侵攻し、ダマスカス占領

エジプトのマムルーク朝、蒙古軍を破る（アイン・ジャールートの戦い）

この年　**兀庵普寧《ごったんふねい》**来日
チンギス・ハンの孫フレグ、イランにイル・ハン国を建てる

●日蓮大聖人事績

＊日目上人《にちもくしょうにん》——生没《せいぼつ》年代は一二六〇～一三三三年。富士大石寺《たいせきじ》門流の第三祖。出家名は当初「卿公《きょうこう》」、のちに「新田阿闍梨《にいだあじゃり》」「蓮蔵《れんぞう》阿闍梨日目」と言われた。文応《ぶんおう》元年（一二六〇年）四月二十八日、現在の静岡県田方《たがた》郡函南《かんなみ》町畑毛《はたけ》の地に、当地の領主・新田《にいだ》五郎重綱《しげつな》の五男として出生した。

母は南条兵衛七郎行増《なんじょうひょうえしちろうぎょうぞう》の長女で、南条時光《ときみつ》の姉・蓮阿尼《れんあに》。幼名を虎王丸《とらおうまる》といい、十三歳で走湯山《そうとうざん》に登って勉学に励んだが、十五歳の時に日興《にっこう》上人と会い、建治《けんじ》二年（一二七六年）四月に十七歳で出家得度《とくど》。同年十一月に身延《みのぶ》へ登山し、以来入滅までの六年間、日蓮大聖人に師事《しじ》した。また、日興上人の身延離山に同行した。

厳格な修行態度と巧みな問答で知られ、大聖人滅後は墓所輪番《ぼしょりんばん》の一人として、また日興上人の下で本六僧《ほんろくそう》（永仁《えいにん》六年〈一二九八年〉に定めた六人の弟子）の上首《じょうしゅ》として活躍し、伊豆《いず》や

東北方面の弘教に尽力した。さらに、朝廷《ちょうてい》、幕府に繰り返し諫暁《かんぎょう》を行ったとされ、元弘《げんこう》三年（一三三三年）十一月十五日、天奏《てんそう》（天皇への奏上）の途中に今の岐阜《ぎふ》県垂井《たるい》で病に倒れ、当地にて逝去《せいきょ》した。

＊**名越**《なごえ》――政都・鎌倉の南東部に位置する。日蓮大聖人が鎌倉での布教の拠点にした松葉《まつば》ケ《が》谷《やつ》の草庵《そうあん》のあった場所。第二代執権《しっけん》・北条義時《よしとき》の子の朝時《ともとき》が拝領した。平成八年（一九九六年）に大聖人の真筆《しんぴつ》の消息《しょうそく》が新発見され、その内容に「白木《しらぎ》」を送ってもらった御礼が書かれており、松葉ヶ谷の草庵新築との関連が注目されている。現在、名越には三つの日蓮宗寺院があり、それぞれ松葉ヶ谷草庵跡《あと》と主張している。

＊**宿屋禅門**《やどやぜんもん》――（生没《せいぼつ》年不明）執権・北条時頼《ときより》と時宗《ときむね》に、側近の「得宗被官《とくそうひかん》」として仕《つか》えた家《け》人《にん》。禅門とは入道《にゅうどう》と同義で、在俗《ざいぞく》のまま剃髪《ていはつ》して仏門に入った男子をいう。日蓮大聖人は文応《ぶんおう》元年（一二六〇年）七月、この宿屋禅門に、「立正安国論《りっしょうあんこくろん》」の時頼への取り次ぎを依頼した。また、蒙古《もうこ》の国書が到来した文永《ぶんえい》五年（一二六八年）、大聖人は安国論を浄書《じょうしょ》し、時宗に取り次ぐよう、再び宿屋禅門に依頼している。その後、宿屋氏は竜《たつ》の口《くち》の法難の際、日朗《にちろう》ら五人の大聖人門下を自邸の土牢《つちろう》に入れたとされる。

＊**松葉ヶ谷の法難**《まつばがやつ》――文応元年（一二六〇年）の「立正安国論」提出後に、日蓮大聖人が鎌倉

の松葉ヶ谷の草庵で念仏者たちに襲撃《しゅうげき》された事件。大聖人の生涯における「大事の難・四度」（「開目抄」二〇〇頁）の中で、最初の大難とされる。

立教開宗での念仏批判によって安房《あわ》の清澄寺《せいちょうじ》を追われた大聖人は、鎌倉の松葉ヶ谷に草庵を構えた後、いよいよ本格的な他宗批判を開始した。とりわけ文応元年七月、幕府に提出した「立正安国論」では、当時の天変地異《てんぺんちい》や飢饉《ききん》・疫病《えきびょう》の原因を、人々が正法を捨て悪法に帰したことにあるとし、特に念仏は「一凶」であると断罪した。この結果、大聖人は幕府の上層部や念仏者たちの激しい怒りを買い、提出から一カ月後、念仏者たちが松葉ヶ谷の草庵を突然襲撃し、大聖人を力ずくで亡き者にしようとした。「下山御消息《しもやまごしょうそく》」には、その様子が「日蓮が小庵《しょうあん》に数千人押し寄せて殺害せん」（三五五頁）等々と記されている。

＊大田乗明《おおたじょうみょう》・曾谷教信《そやきょうしん》――大田乗明（一二二二～八三）と曾谷教信（一二二四～九一）は、ともに下総国《しもうさ》（現在の千葉県）八幡荘《やわた》に住んだ武士であり、富木常忍《ときじょうにん》とともに早くから日蓮大聖人の檀越《だんのつ》になった人物である。
大田乗明は、大田左衛門尉《さえもんのじょう》ともいい、のちに入道しているが、自らの住居を本妙寺とし、大聖人の入滅に際しては葬列に加わっている。大聖人の弟子である日高《にっこう》は大田乗明の子である。曾谷教信は、曾谷二郎入道・教信御房ともいい、のちに入道して法蓮《ほうれん》の法号を大聖

人より受けている。安国寺・法蓮寺を創設した。大田乗明《おおたじょうみょう》と曾谷教信《そやきょうしん》は、富木《とき》氏とともに大聖人より「観心本尊抄《かんじんのほんぞんしょう》」を与えられている。

●社会の動き

＊兀庵普寧《ごったんふねい》——中国・宋《そう》から渡来《とらい》した臨済《りんざい》禅宗の僧。生没《せいぼつ》年代は一一九七～一二七六年。京都・東福寺《とうふくじ》にいたが、北条時頼《ときより》の帰依《きえ》を受け、鎌倉・建長寺《けんちょうじ》に入る。蘭渓道隆《らんけいどうりゅう》のほうが評価が高いことに不満をもち、時頼の死去後、文永《ぶんえい》二年（一二六五年）に中国へ帰国した。

●御書

【唱法華題目抄《しょうほっけだいもくしょう》】

文応《ぶんおう》元年（一二六〇年）

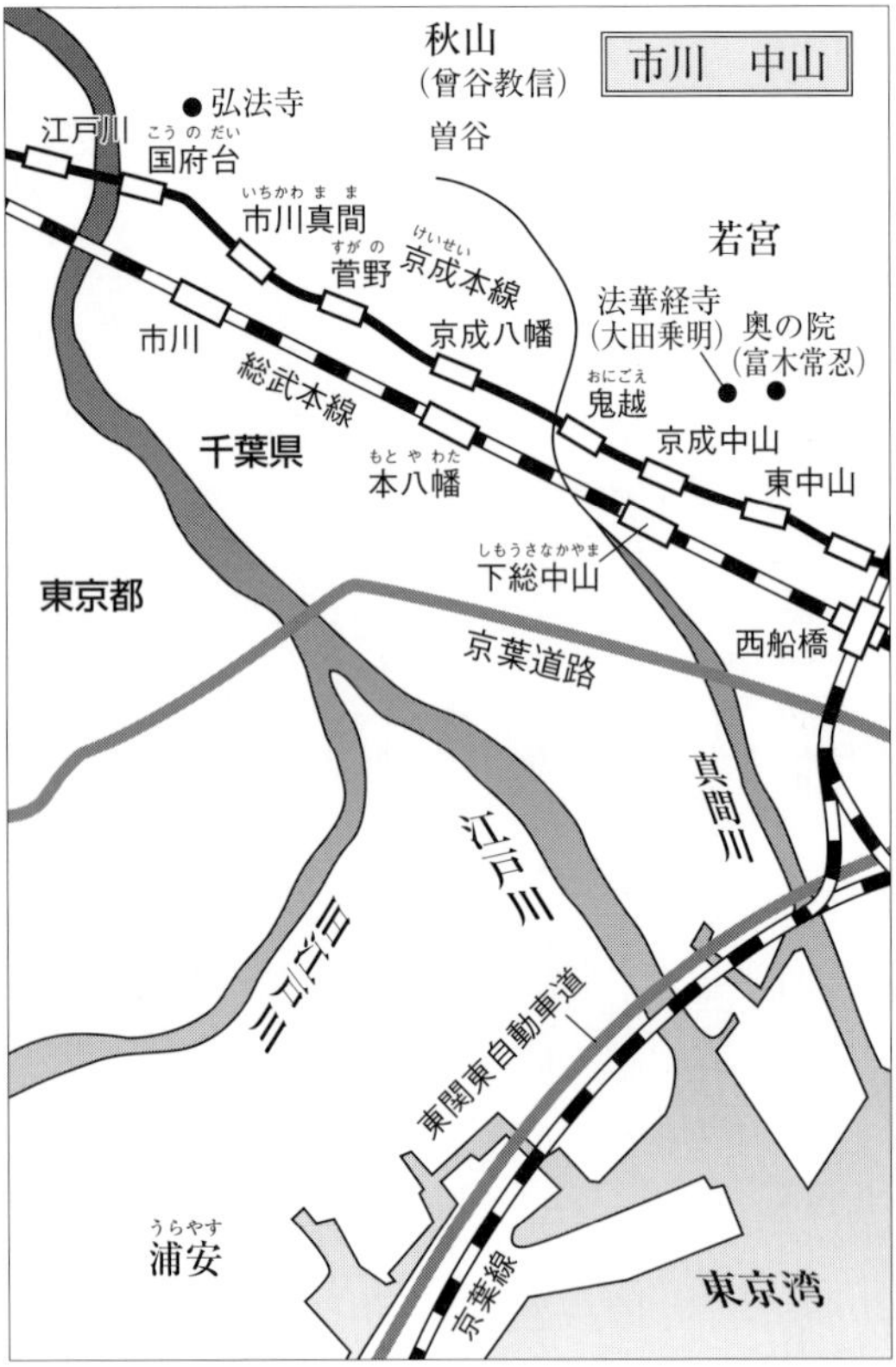

五月二十八日、日蓮大聖人が三十九歳の時、鎌倉・名越《なごえ》の松葉ヶ谷《まつばがやつ》で書いた書。宛先は不明。御書十大部のうち、最初の著作。内容は、有る人（念仏者）が予《よ》（大聖人）に問うという形式で、十五の問答からなっている。主として法然《ほうねん》以来の専修《せんじゅ》念仏・浄土信仰を破折するとともに、権実相対《ごんじつそうたい》によって法華経が正法であることを示し、法華経の題目を唱える功徳《くどく》を述べられている。末尾《まつび》に「法門をもて邪正をただすべし利根《りこん》と通力《つうりき》とにはよるべからず」（一六頁）と記されているように、法華経はじめ諸経の文に基づき、精密にして本質をとらえた議論が展開されている。日興上人《にっこう》の写本が一部残っており、これは大聖人の真筆《しんぴつ》「南条兵衛七郎殿御書《なんじょうひょうえしちろうどのごしょ》」（一四九三頁）の行間に書かれているものである。

【立正安国論《りっしょうあんこくろん》】

文応元年（一二六〇年）七月十六日、日蓮大聖人が三十九歳の時、当時の最高権力者・北条時頼に提出された国主諫暁《こくしゅかんぎょう》の書。生涯三度の諫暁のうちの第一回である。格調高い漢文体で書かれている。十問九答からなる問答形式。五大部、十大部の一つ。

当時、正嘉《しょうか》元年（一二五七年）の大地震をはじめ多くの天変地夭《てんぺんちよう》があり、飢餓《きが》・疫病《えきびょう》のため国中の民衆が苦しんでいた。その災難の根源を一切経《いっさいきょう》に照らして勘案《かんあん》し、謗法《ほうぼう》、とりわけ法然の念仏宗が「一凶」（二四頁）であると断じ、解決法として、正法である法華経を社会の根本として打ち立てることを訴《うった》えている。

また、この誤りを続けるなら、三災七難《さんさいしちなん》のうち、当時まだ起こっていなかった自界叛逆《じかいほんぎゃく》難《なん》と他国侵逼難《たこくしんぴつなん》が起こることを予言し、「汝《なんじ》早く信仰の寸心《すんしん》を改めて速《すみやか》に実乗《じつじょう》の一善に帰せよ、然《しか》れば則《すなわ》ち三界《さんがい》は皆仏国《みなぶっこく》なり」（三二頁）と正法に帰依することを促《うなが》している。それがのちに的中したことから、「種種御振舞御書《しゅじゅおふるまいごしょ》」（九〇九頁）では、「白楽天《はくらくてん》が楽府《がふ》」を越え「仏《ほとけ》の未来記《みらいき》」にも匹敵《ひってき》する警世《けいせい》の書であると自ら位置づけている。

佐渡《さど》で何度も書かれ、弘安《こうあん》年間に、趣旨はそのままに手を入れたものが「建治《けんじ》の広本《こうほん》」である。さらに入滅間際にも、本抄を弟子らに講義するなど重視し、大聖人の化導《けどう》は「立《りっ》正安国論《しょうあんこくろん》に始まり立正安国論に終わる」と言われるほど、思想の骨格《こっかく》をなす重書である。

「立正安国論」の囻《こく》の字

真筆《しんぴつ》は中山法華経寺《なかやまほけきょうじ》（千葉県市川市中山、本書118頁地図参照）に現存するが、これは文永《ぶんえい》六年（一二六九年）のものである。この真筆には囻の字が多用されている。三十六紙あるうち第二十四紙が欠けている。文応《ぶんおう》元年（一二六〇年）に提出した「立正安国論」の控えが身延《みのぶ》にかつてあったことが知られているが、明治八年（一八七五年）の大火で焼失。欠けた第二十四紙を補《おぎな》っているのは身延の日通《にっつう》が文応元年の真筆を書写したもので、ここには「囯」の字があるので、日蓮大聖人は囯の字を文応元年以来使用されていたことがわかる。

なお囯の字は「立正安国論」の他に「強仁《ごうにん》状御返事」（一八四頁）「滝泉寺申状《りゅうせんじもうしじょう》」（八四九頁）「転重軽受法門《てんじゅうきょうじゅほうもん》」（一〇〇〇頁）「曾谷《そや》入道殿許《もと》御書」（一〇二六頁）「千日尼御前《せんにちあまごぜん》御返事」（一三〇九頁）の真筆に見ることができ、大聖人は晩年にいたるまで使用しているのである。

1261 弘長《こうちょう》元年（辛酉《かのととり》）2・20改元〈文応《ぶんおう》二年〉

日蓮大聖人事績

大聖人―四十歳（数え年）

この頃、道教《どうきょう》（道阿弥陀仏《どうあみだぶつ》）らと法論

4・28 椎地四郎《しいじしろう》に書（「椎地四郎殿御書」一四四八頁）を送る（執筆年に異説あり）

5・12 **伊豆流罪《いずるざい》**に処《しょ》せられる

伊東の地頭**八郎左衛門**《じとうはちろうざえもん》より釈迦立像を贈られる

6・27 船守弥三郎《ふなもりやさぶろう》に書（「船守弥三郎許《もと》御書」一四四五頁）を送る

社会の動き

2・29 幕府、関東諸国の寺社修理の法などを定める

また、**念仏僧が婦女子を招き寄せることを禁ずる**

3・13 政所《まんどころ》火災

10・19 **園城寺僧綱**《おんじょうじそうごう》ら、鎌倉に下って戒壇建立《かいだんこんりゅう》を訴える

11・3 北条重時《しげとき》、**極楽寺**《ごくらくじ》で没する（64歳）

この年 良観《りょうかん》、鎌倉へ

●日蓮大聖人事績

＊伊豆流罪《いずるざい》――松葉ヶ谷《まつばがやつ》の法難の翌年（弘長《こうちょう》元年・一二六一年）、五月十二日、日蓮大聖人は鎌倉幕府から伊豆国伊東への流罪を宣告された。当時の執権《しっけん》は北条長時《ながとき》で、その父親・重時《しげとき》は念仏の強信者《ごうしんじゃ》だった。長時は、父の意向を汲《く》んで念仏僧らの讒言《ざんげん》を用い、表向きは幕府法の「御成敗式目《ごせいばいしきもく》」によって、流罪を決定した。その罪状は「悪口《あっこう》の失《とが》」だったと考えられる。伊豆での大聖人は、法華経の行者の自覚を深め、布教法としての五綱教判《ごこうきょうはん》を確立した。またこの間、船守弥三郎《ふなもりやさぶろう》夫妻が帰依《きえ》し、大聖人の生活を支えたと伝えられる。

＊伊東八郎左衛門《はちろうざえもん》――（生没《せいぼつ》年不明）日蓮大聖人の伊豆流罪時の地頭《じとう》。伊豆流罪中、大聖人の預かり役だった。「船守弥三郎許御書《もと》」（一四四五頁）によれば、八郎左衛門が自身の病気平癒祈願《へいゆきがん》を大聖人に要請し、病が快復した。喜んだ八郎左衛門は念仏からの改宗を誓い、海中から出現した釈迦立像を大聖人に寄贈《きぞう》したという。大聖人は、この釈迦像を随身仏《ずいじんぶつ》として生涯持っていたようで、入滅の折には、墓所《ぼしょ》の傍《かたわ》らに安置するよう命じている。

●社会の動き

＊念仏僧の婦女子会集《えしゅう》禁止――念仏僧が婦女子を集めて法会《ほうえ》をもつことは、秩序を乱す行為であるとして法然《ほうねん》の生前から厳しく禁止されてきた。法然の弟子の安楽《あんらく》や住蓮《じゅうれん》は、その咎《とが》

によって処刑されている。幕府もまた仏教界の綱紀粛正《こうきしゅくせい》の一環として、これを禁止した。

＊僧綱《そうごう》――全国の僧尼《そうに》を統括《とうかつ》する官職で、推古《すいこ》天皇の時代に設《もう》けられた。僧正《そうじょう》・僧都《そうず》・律師《りっし》などからなる。当初は定員制であったが、平安時代の後半から人数が増加し、形式的な役職となった。

＊極楽寺《ごくらくじ》――初めは北条重時《しげとき》の別邸《べってい》であり、極楽寺の名から阿弥陀仏《あみだぶつ》を本尊とする持仏堂《じぶつどう》を備えていたと思われる。息子の長時《ながとき》・業時《なりとき》によって寺院の威容《いよう》を整え、文永《ぶんえい》四年（一二六七年）、開山として良観《りょうかん》（本書95頁参照）を迎えることによって真言律宗の寺となった。鎌倉でも有数の伽藍《がらん》を配し、和賀江島《わかえじま》を管轄《かんかつ》、関料《せきりょう》を徴収《ちょうしゅう》するなど幕府へも影響力をもっていた。建治《けんじ》元年に火災にあい、焼失している。

【御書】（ごしょ）

「御書」とは、日蓮大聖人が執筆あるいは口述した書の尊称。大聖人門下が、心肝《しんかん》に染《そ》め、教義の根本とすべき聖典である。

御書は大きく分けると、法門について述べた論文（「観心本尊抄《かんじんのほんぞんしょう》」や「開目抄《かいもくしょう》」など）と、弟子・檀那《だんな》への手紙（消息文）、要文抄録《ようもんしょうろく》（経文や摩訶止観《まかしかん》などの要文を書き写したもの）、系図

（「一代五時図《いちだいごじず》」など）などに分けることができる。また、格調高い漢文体のものと、平易な仮名交《かなま》じりのものとがある。

大聖人は、民衆のために、わかりやすい仮名交じり文で教えを説き、さまざまな譬喩《ひゆ》や故事《こじ》を織《お》り交《ま》ぜながら法門の内容を示している。

日興上人《にっこう》は、大聖人の著作をすべて「御書」と呼んで尊重し、散在していた御書の収集を図り、後世に残すため書写に努めた。

そして、数百編ある御書の中から、特に重要なもの十篇（十大部）を選んだ。御述作順に挙げれば、①唱法華題目抄《しょうほっけだいもくしょう》、②立正安国論《りっしょうあんこくろん》、③開目抄、④観心本尊抄、⑤法華取要抄《ほっけしゅようしょう》、⑥撰時抄《せんじしょう》、⑦報恩抄《ほうおんしょう》、⑧四信五品抄《ししんごほんしょう》、⑨下山御消息《しもやまごしょうそく》、⑩本尊問答抄《ほんぞんもんどうしょう》である。また御書の講義を通して大聖人の本義を後代に残すための努力を続けた。「日興遺誡置文《にっこうゆいかいおきぶみ》」では「当門流《とうもんりゅう》に於《お》ては御書を心肝《しんかん》に染《そ》め」（一六一八頁）と、天台教学ではなく御書根本の在《あ》り方を教示している。

この日興上人の精神を継いで、創価学会では戸田城聖第二代会長の発願により、昭和二十七年四月二十八日に「日蓮大聖人御書全集」を発刊している。この御書全集に基づき、十大部講義をはじめ各御書の講義も順次、出版している。そして、大聖人の思想と生涯を深く研《けん》鑽《さん》し、大聖人直結、御書根本の信心を確立してきた。

1262 弘長《こうちょう》二年（壬戌《みずのえいぬ》）

日蓮大聖人事績

大聖人—四十一歳（数え年）

1・16 「四恩抄《しおんしょう》」（九三五頁）を著《あらわ》す

2・10 「教機時国抄《きょうきじこくしょう》」（四三八頁）を著す

社会の動き

2・27 **叡尊《えいそん》**、鎌倉へ下向《げこう》する

6・29 引付衆《ひきつけしゅう》、五方から三方に縮小される

11・25 **伊勢神宮《いせじんぐう》**焼亡

11・28 **親鸞《しんらん》**没する（90歳）

●社会の動き

＊叡尊《えいそん》――西大寺《さいだいじ》流・真言律宗の僧。生没《せいぼつ》年代は一二〇一～九〇年。金沢《かねざわ》（北条）実時《さねとき》（本書194頁参照）の招きで、弘長《こうちょう》二年二月鎌倉に入る。同年八月までの短期間の滞在であったが、鎌倉における真言律宗の勢力は大きく拡大し、弟子・極楽寺《ごくらくじ》良観《りょうかん》（本書95頁参照）がこれを受け継いだ。日蓮大聖人の御書には「思円《しえん》（叡尊の仮名《けみょう》）上人」（「富城《とき》入道殿御返事」九九三頁）として記しているが、その真言による敵国調伏《てきこくちょうぶく》がかえって日本を滅ぼすことになると警告している。

＊伊勢神宮《いせじんぐう》――伊勢（現在の三重県）にある神社。天照大神《てんしょうだいじん》を祭る内宮《ないくう》と豊受《とようけ》の神を祭る外宮《げくう》からなる。皇室の祖先神をまつる神社として、日本の神社の頂点に位置づけられた。鎌倉時代には、各地に御厨《みくりや》と呼ばれる荘園《しょうえん》を領有するようになる。日蓮大聖人生誕の地である東条《とうじょう》の御厨もその一つである。

＊親鸞《しんらん》――法然《ほうねん》の弟子。浄土真宗の開祖。生没年代は一一七三～一二六二年。念仏禁止令によって越後《えちご》（現在の新潟県）に流され、赦免《しゃめん》後は関東で布教。晩年に京都に戻る。法然の教えを発展させて、悪人こそが念仏によって救われるとする「悪人正機《あくにんしょうき》」説を立てた。『歎《たん》異抄《にしょう》』はその教えを弟子の唯円《ゆいえん》が記したもの。

1263 弘長《こうちょう》三年（癸亥《みずのとい》）

日蓮大聖人事績

2・22 **大聖人―四十二歳**（数え年）
伊豆流罪《いずるざい》を赦免《しゃめん》される（三二二頁）

3月 「**持妙法華問答抄《じみょうほっけもんどうしょう》**」（四六一頁）を著《あらわ》す（執筆年に異説あり）

社会の動き

4月 高麗《こうらい》、日本人による沿岸侵略の禁止を要請する

8・27 鎌倉大風雨

11・16 鎌倉地震

11・22 北条時頼《ときより》没する（37歳）

12・10 鎌倉若宮大路《わかみやおおじ》で火災

日蓮大聖人事績

＊伊豆流罪赦免《いずるざいしゃめん》――弘長《こうちょう》元年（一二六一年）十一月三日、日蓮大聖人の伊豆流罪を画策《かくさく》した幕府の権力者で念仏の強信者《ごうしんじゃ》・北条重時《しげとき》が死去。自然災害が続き、幕府の人事もあわただしくなった。流罪地では、船守弥三郎《ふなもりやさぶろう》夫妻や地頭《じとう》の伊東八郎左衛門《はちろうざえもん》の帰依《きえ》などがあり、大聖人をめぐる状況は徐々に好転していく。結局、念仏者たちの讒言《ざんげん》によって流罪されたことが明らかとなり、得宗《とくそう》の北条時頼《ときより》が赦免を決定した。「聖人御難事《しょうにんごなんじ》」に「故最明寺殿《こさいみょうじどの》（時頼）の日蓮をゆるしし（伊豆流罪を）と此《こ》の殿（時宗《ときむね》）の許《ゆる》しし（佐渡《さど》流罪を）は禍《とが》なかりけるを人のざんげん《讒言》と知りて許ししなり」（一一九〇頁）とあるとおりである。

御書

【持妙法華問答抄《じみょうほっけもんどうしょう》】

弘長三年（一二六三年）三月、日蓮大聖人が四十二歳の時、伊豆の流罪が赦免になった直後に鎌倉において述作されたものとされる。古来、本抄が六老僧の一人日持《にちじ》の作で、大聖人が認可したものであるとする説があるが、正本が残っていないため真偽《しんぎ》は不明。日持は弘長三年には門下に入っておらず、述作年代についてもほかに建治《けんじ》二年（一二七六年）説と弘安《こうあん》三年（一二八〇年）説等がある。

本抄はその題号の示すように法華経を受持することについて、五つの問答で明かされている。成仏得道の法は仏の極説《ごくせつ》である法華経に限ることを明かし、法華経の受持とは、一念三千の観法、一心三観の妙観を修することではなく「受持即観心《じゅじそくかんじん》」であることを教えられている。そして、法華経およびその行者を誹謗《ひぼう》する罪の重いことを明かすとともに、ひたすらに法華経を受持し、題目を唱えて成仏すべきことを勧めている。

伊豆流罪《いずるざい》の意義

「法華経」には、仏滅後にこの「法華経」を弘める者は必ず諸難に値《あ》うと説かれており、日蓮大聖人はこの難に値う者を「法華経の行者」(「撰時抄」二八四頁)と呼んでいるが、伊豆流罪にはかつて天台・伝教も受けたことのない大難を大聖人が身をもって受けたという意義がある。伊豆流罪は大聖人が最初に受けた流罪であるが、この後も大聖人は小松原《こまつばら》の法難・竜《たつ》の口《くち》の法難に値い、自らが「法華経の行者」であることを証明した。

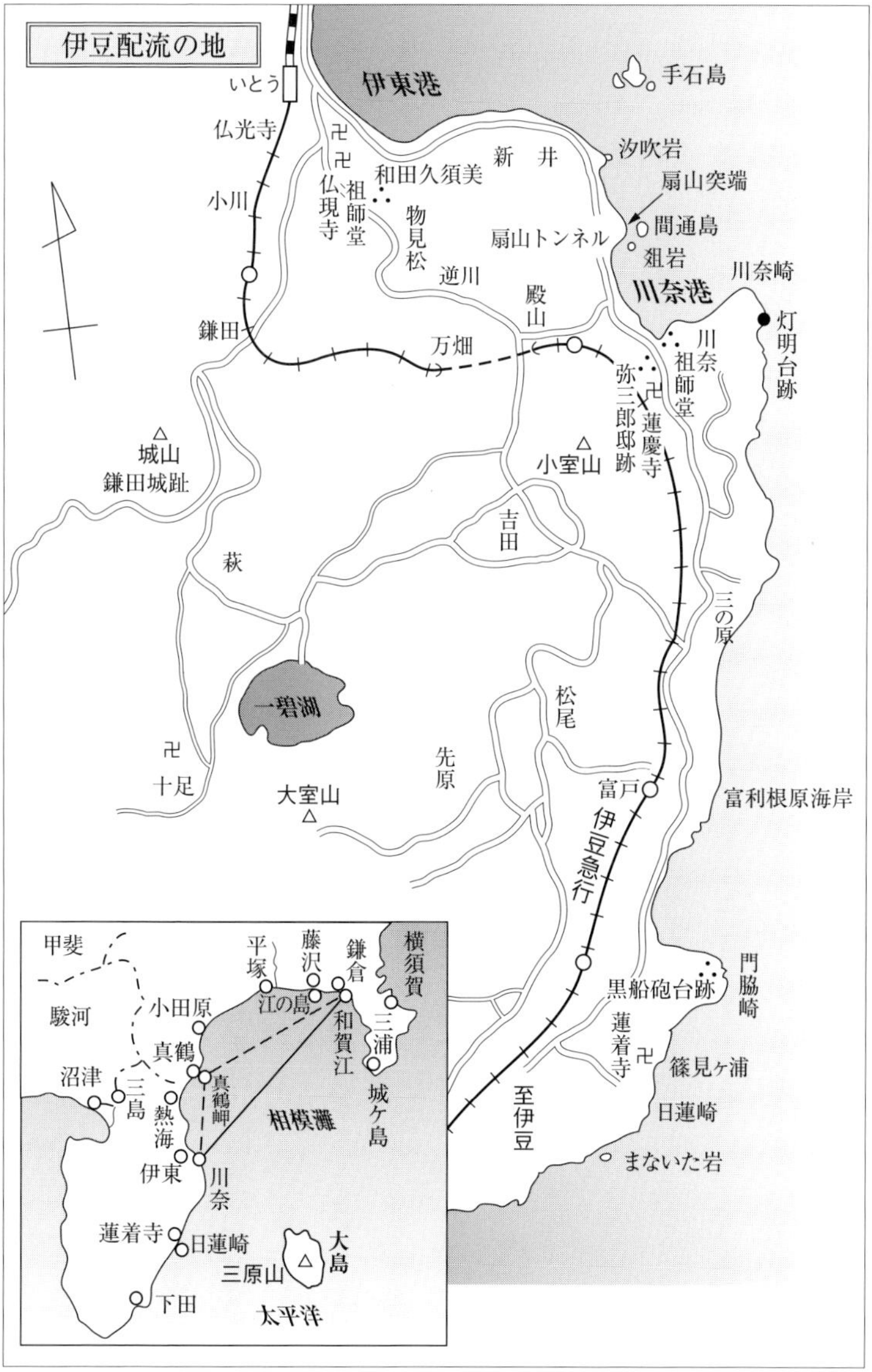
伊豆配流の地
いとう
伊東港
手石島
仏光寺
新　井
汐吹岩
和田久須美
扇山突端
小川
仏現寺
祖師堂
物見松
間通島
扇山トンネル
爼岩
逆川
川奈崎
川奈港
殿山
鎌田
万畑
灯明台跡
川奈
祖師堂
弥三郎邸跡
蓮慶寺
城山
鎌田城趾
小室山
吉田
萩
三の原
一碧湖
松尾
十足
先原
大室山
富戸
富利根原海岸
伊豆急行
門脇崎
黒船砲台跡
蓮着寺
篠見ヶ浦
至伊豆
日蓮崎
まないた岩
甲斐
平塚
藤沢
鎌倉
横須賀
駿河
小田原
江の島
和賀江
三浦
真鶴
沼津
三島
真鶴岬
熱海
城ケ島
相模灘
伊東
川奈
蓮着寺
日蓮崎
大島
三原山
下田
太平洋

1264 文永元年《ぶんえい》（甲子《きのえね》）2・28改元〈弘長《こうちょう》四年〉

日蓮大聖人事績

大聖人―四十三歳（数え年）

秋頃、安房《あわ》へ戻り、**病身の母を祈り寿命《じゅみょう》を四年間延ばす**

9・22 安房・東条花房《とうじょうはなぶさ》の蓮華寺《れんげじ》で浄円房《じょうえんぼう》に宛てて「当世念仏者無間地獄事《とうせねんぶつしゃむけんじごくじ》」（一〇四頁）を著《あらわ》す

11・11 安房国東条郷で**小松原《こまつばら》法難**に遭《あ》う

12・13 **南条兵衛七郎《なんじょうひょうえしちろう》**に病気を慰労《いろう》する書（「南条兵衛七郎殿御書」一四九三頁）を送る

社会の動き

3・23 延暦寺戒壇院《えんりゃくじかいだんいん》等焼亡

5・2 延暦寺衆徒、園城寺《おんじょうじ》を襲撃《しゅうげき》する

5・3 北条朝直《ともなお》没する（59歳）

7・5 **文永の大彗星《だいすいせい》**（三三頁）

8・11 **北条政村《まさむら》**、第七代執権《しっけん》となる

8・21 北条長時《ながとき》没する（35歳）

10・25 幕府、**越訴奉行《おっそぶぎょう》**を置く

＊**病身の母の寿命《じゅみょう》を延ばす**――文永《ぶんえい》元年（一二六四年）の秋頃、日蓮大聖人は十年ぶりに故郷安房《あわ》の地を踏んだ。だが母の妙蓮《みょうれん》は病《やまい》に倒れていた。大聖人の祈りによって、病は快方に向かい、母はその後四カ年も寿命を延ばすことができた、と「可延定業書《かえんじょうごうしょ》」（九八五頁）に記されている。

＊**小松原《こまつばら》法難**――文永元年（一二六四年）十一月十一日の午後四時頃、日蓮大聖人一行約十名は、東条《とうじょう》の郷松原大路《まつばらおおじ》（千葉県鴨川《かもがわ》市広場付近）に差しかかった。そこに地頭《じとう》の東条景信《かげのぶ》はじめ数百人の念仏者が待ち構え、大聖人らを襲撃《しゅうげき》した。念仏の強信者《ごうしんじゃ》だった景信は、立教開宗以来の大聖人の念仏破折《はしゃく》、また領家《りょうけ》の尼《あま》との土地の権益《けんえき》をめぐる訴訟《そしょう》で大聖人に阻《はば》まれ敗訴したことから積年《せきねん》の怨念《おんねん》を抱《いだ》き、安房に帰国していた大聖人を亡き者にしようと企《たくら》んでいた。この法難で、弟子一人（鏡忍房《きょうにんぼう》とされる）が殉死《じゅんし》、二人が重傷を負い（うち一人は工藤吉隆《よしたか》でのちに殉死したとされる）、大聖人御自身は頭に傷を被《こうむ》り、左手を打ち折られた。

＊**南条兵衛七郎《ひょうえしちろう》**――生没《せいぼつ》年代は？〜一二六五年。駿河《するが》国富士郡上野郷（静岡県富士宮市上野）に住《じゅう》した北条家の家臣で、南条時光《ときみつ》の父、日目《にちもく》上人の祖父に当たる。鎌倉にいた頃、日蓮大聖人の信徒となったものの、念仏信仰を捨て切れず、病床に伏《ふ》していた時に大聖人から

御書を賜《たまわ》り、念仏への執着を断ち切った。七郎はその後間もなく（文永《ぶんえい》二年〈一二六五年〉）死去したが、大聖人はその死を悼《いた》み、駿河《するが》国まで墓参《ぼさん》に赴《おもむ》いた。

社会の動き

＊文永の大彗星《だいすいせい》——日蓮大聖人はこの大彗星と正嘉《しょうか》の大地震を天変地夭《てんぺんちよう》とし、最初は悪法流布《るふ》による凶相《きょうそう》と位置づけ、後には正法流布の瑞相《ずいそう》ととらえている。

＊北条政村《まさむら》——第七代執権《しっけん》。生没《せいぼつ》年代は一二〇五〜七三年。三代執権・北条泰時《やすとき》の弟であり、この年すでに六十歳、幕府の重鎮《じゅうちん》であった。六代執権・長時《ながとき》が病に倒れ、執権の座に就《つ》いた。連署《れんしょ》は次の執権に約束されていた時宗《ときむね》で、文永五年（一二六八年）、時宗が十八歳になって執権となると政村は連署になる。

＊越訴奉行《おっそぶぎょう》——越訴とは、所定の手順を飛び越えて上訴《じょうそ》することをいう。律令《りつりょう》時代には禁止されていたが、鎌倉時代のこの時にいたって、北条時頼《ときより》時代の判決に不満をもつ御家人《ごけにん》救済のために制度として設《もう》けられた。

南条氏系図

- 南条兵衛《ひょうえ》七郎 ＝ 夫人（松野六郎左衛門の娘）
  - 七郎太郎（18歳で死亡）
  - 七郎次郎時光 ＝ 夫人（妙蓮）
    - 左衛門太郎
    - 左衛門次郎時忠
    - 左衛門三郎
    - 左衛門四郎
    - 左衛門五郎時綱
    - 左衛門六郎
    - 左衛門七郎
    - 乙若（妙蓮寺日相）
    - 乙次（妙蓮寺日眼）
    - 女子 ―― 日道
    - 女子 ―― 日行
    - 女子乙松
    - 女子乙一
  - 七郎三郎
  - 七郎四郎
  - 七郎五郎（16歳で死亡）
  - 蓮阿尼《れんあに》（時光姉） ＝ 新田重綱
    - 日目
  - 女子（時光姉）
  - 女子（時光妹）
  - 女子（時光妹）

1265 文永《ぶんえい》二年（乙丑《きのとうし》）

日蓮大聖人事績

大聖人—四十四歳（数え年）

（3・8 **南条時光**《ときみつ》の父・南条兵衛七郎《ひょうえしちろう》が没する）

故・南条兵衛七郎の夫人に書（「薬王品得意抄《やくおうほんとくいしょう》」一四九九頁）を送る

その後、駿河《するが》に出向き弔問《ちょうもん》

7月 故・南条兵衛七郎の夫人に書（「上野殿後家尼《ごけあま》御返事」〈地獄即寂光御書〉一五〇四頁）を送る

（以前は文永十一年執筆とされた）

社会の動き

3・5 幕府、鎌倉の市場を七カ所に限定する

4月 幕府、延暦寺《えんりゃくじ》衆徒の武装を禁ずる

6・10 鎌倉大雨

＊南条時光《ときみつ》――生没《せいぼつ》年代は一二五九～一三三二年。駿河《するが》国（現在の静岡県中央部）富士郡上野郷の地頭《じとう》で、七郎次郎時光という。父の兵衛七郎《ひょうえしちろう》が鎌倉で日蓮大聖人に帰依《きえ》していたことから、時光は幼いころから門下に加わっており、弘安《こうあん》二年（一二七九年）の熱原《あつはら》の法難では、日興《にっこう》上人を支えて活躍した。

また、時光は、白米や芋《いも》・蜜柑《みかん》・清酒などを使いの者にもたせたり自ら届けたりして、身延《みのぶ》入山後の大聖人が飢《う》えを凌《しの》げるよう心を尽くした。大聖人は、時光を「上野賢人《けんじん》」（「上野殿御返事」一五六一頁）と呼んで、その信心を讃《たた》えている。大聖人の入滅に際しては葬《そう》列《れつ》を先導した。

大聖人が入滅した後も、身延を離山《りざん》した日興上人を自らの領地に招き、外護《げご》に努めた。日興上人の「弟子分本尊目録《でしぶんほんぞんもくろく》」（日興上人を介して日蓮大聖人から本尊を頂いた弟子檀越《だんのつ》が列記されている）の末尾《まつび》によれば、南条時光は、のちに左衛門尉《さえもんのじょう》となり、さらに出家して大行《だいぎょう》という法名を日興上人から授与されている。

1266 文永《ぶんえい》三年（丙寅《ひのえとら》）

日蓮大聖人事績

大聖人—四十五歳（数え年）

この頃、清澄寺《せいちょうじ》に帰り、「法華経題目抄《ほけきょうだいもくしょう》」（九四〇頁）を著《あらわ》す

社会の動き

1・1　彗星《すいせい》現れる

3・6　**引付衆《ひきつけしゅう》を廃止**、細事は評定《ひょうじょう》衆《しゅう》に扱《あつか》わせる

7・4　将軍・宗尊親王《むねたかしんのう》廃される

7・24　**惟康《これやす》親王**、第七代征夷《せいい》大将軍に就任する

8・18　京都大風雨

高麗《こうらい》、蒙古《もうこ》の使者を日本に案内して送るが、巨済《コジェ》島まで来て引き返す

社会の動き

＊引付衆《ひきつけしゅう》を廃止——一二四九年に設置されて以来、十七年間存続していたが、いったん廃止された。これは訴訟《そしょう》の沙汰《さた》が滞《とどこお》りがちになっていたのを、評定衆《ひょうじょうしゅう》による即断即決に切り替えたものである。しかし、うまく行かず、結局、文永《ぶんえい》六年に引付制度は復活する。

＊惟康親王《これやすしんのう》——生没《せいぼつ》年代は一二六四～一三二六年。六代将軍・宗尊《むねたか》親王もすでに二十五歳になり、北条氏にあやつられ、無力の将軍であることに矛《む》盾《じゅん》を感じていた。北条氏は機先《きせん》を制して将軍派が拡大する芽《め》を摘《つ》みとるため、宗尊親王を京都に追放し、わずか三歳の惟康親王（宗尊の息子）を将軍とした。

鎌倉時代の征夷大将軍

	将軍名	在職期間	父
1 源氏	源　頼朝	一一九二・七～一一九五・一	源　義朝
2 〃	源　頼家《よりいえ》	一二〇二・七～一二〇三・九	源　頼朝
3 〃	源　実朝《さねとも》	一二〇三・九～一二一九・一	源　頼朝
4 摂家	九条頼経《よりつね》	一二二六・一～一二四四・四	九条道家《みちいえ》
5 〃	九条頼嗣《よりつぐ》	一二四四・四～一二五二・四	九条頼経
6 親王	宗尊《むねたか》親王	一二五二・四～一二六六・七	後嵯峨《ごさが》天皇
7 〃	惟康《これやす》親王	一二六六・七～一二八九・九	宗尊親王
8 〃	久明《ひさあき》親王	一二八九・十～一三〇八・八	後深草《ごふかくさ》天皇
9 〃	守邦《もりくに》親王	一三〇八・八～一三三三・五	久明親王

1267 文永《ぶんえい》四年（丁卯《ひのとう》）

日蓮大聖人事績

大聖人――四十六歳（数え年）
（この年、**母妙蓮《みょうれん》**逝《ゆ》く）

12・5 **星名五郎太郎《ほしなごろうたろう》**へ書（「星名五郎太郎殿御返事」一二〇六頁）を送る

社会の動き

8月 良観《りょうかん》、極楽寺《ごくらくじ》に入る

11月 高麗《こうらい》の使者・潘阜《はんぷ》、蒙古世祖《もうこせいそ》（フビライ）の国書を携《たずさ》えて対馬《つしま》へ到着

12・26 幕府、御家人《ごけにん》の**所領回復令**（徳政令《とくせいれい》）を定める

日蓮大聖人事績

＊母妙蓮《みょうれん》——日蓮大聖人の生母。名は梅菊《うめぎく》とも梅千代とも伝えられている。妙蓮は法号だが、妙蓮という表現は御書にはなく、定かではない。大聖人は重病の母を見舞うため、故郷の安房《あわ》に戻っている。大聖人の母への報恩の思いは、終生変わりがなかった。

＊星名五郎太郎《ほしなごろうたろう》——総州《そうしゅう》（現在の千葉県）に住む門下で、佐久間兵庫亮《ひょうごのすけ》重貞の家臣と伝えられる。母の亡きあと故郷を発《た》ち鎌倉に帰った日蓮大聖人から送られたのが、この「星名五郎太郎殿御返事」である。星名五郎太郎の名は御書の他の個所には記されておらず、詳しいことはわからない。

社会の動き

＊所領回復令——幕府は御家人《ごけにん》を困窮《こんきゅう》から救うため、すでに売り渡した所領でもできるかぎり無償で御家人が取り戻せるように法令を制定した。これは「徳政令《とくせいれい》」と呼ばれる一連のそうした法の最初のものである。永仁《えいにん》五年（一二九七年）の「永仁の徳政令」が最も有名。

1268 文永《ぶんえい》五年（戊辰《つちのえたつ》）

日蓮大聖人事績

大聖人―四十七歳（数え年）

4・5 「安国論御勘由来《あんこくろんごかんゆらい》」（三三頁）を著《あらわ》し、予言的中後の諫暁《かんぎょう》を開始する

8・21 「宿屋入道《やどやにゅうどう》への御状《ごじょう》」（一六九頁）を著す

10・11 幕府や諸寺など十一カ所へ書（「**十一通御書**《じゅういっつうごしょ》」一六九頁）を送る

社会の動き

1月 高麗使《こうらいし》・潘阜《はんぷ》、**蒙古**《もうこ》の国書をもって**大宰府**《だざいふ》へ来る

閏《うるう》1・18 大宰府、蒙古の国書を幕府に送る

2・25 朝廷《ちょうてい》、蒙古のことにより**二十**《にじゅう》**二社**《にしゃ》に奉幣《ほうへい》する

3・5 北条政村《まさむら》と**北条時宗**《ときむね》、執権《しっけん》・連署《れんしょ》交代。時宗、第八代執権となる

7・17 朝廷、**異国降伏祈禱**《いこくごうぶくきとう》を命じる

＊蒙古《もうこ》の国書――表向きは蒙古から日本への通商要求書であったが、拒否《きょひ》すれば武力侵略もありうるとの脅迫《きょうはく》めいた内容だった。幕府、朝廷《ちょうてい》ともこれを無視したが、朝廷は敵国調伏《てきこくちょうぶく》の祈禱《きとう》を有力寺社に命じ、幕府では北条政村《まさむら》と時宗《ときむね》が執権《しっけん》と連署《れんしょ》を入れ替わり、臨戦態勢への人事の布石《ふせき》をうった。こうして三月、時宗は十八歳で八代執権となった。

＊大宰府《だざいふ》――古代に、現在の福岡県太宰府市に設《もう》けられた九州の総督府《そうとくふ》。大陸との貿易や外交も統括《とうかつ》した。鎌倉幕府が鎮西奉行《ちんぜいぶぎょう》を設けると、やがてその任にあった武藤《むとう》氏（少弐《しょうに》氏）が大宰府をもあわせて管轄《かんかつ》し、大宰府守護所と称《しょう》した。鎌倉時代にあっても、外交の窓口としての役割を担《にな》っていた。

＊二十二社《にじゅうにしゃ》――平安時代中期から室町時代にかけて、朝廷から特に尊崇《そんすう》を受けた神社。伊《い》勢《せ》・石清水《いわしみず》・賀茂《かも》・松尾《まつお》など、畿内《きない》とその近国の主要な神社からなる。国家的な災難があった場合には、使者が送られて幣帛《へいはく》（神前に供える物）が奉納《ほうのう》された。

＊北条時宗《ときむね》――第八代執権。生没《せいぼつ》年代は一二五一～八四年。この年、執権になる。執権在任中に文永《ぶんえい》の役《えき》、弘安《こうあん》の役を経験し、その対応に苦慮《くりょ》しつづけた。また、日蓮大聖人が活躍した時代の大半が時宗の執権時代に重《かさ》なっている。

＊**異国降伏祈禱**《いこくごうぶくきとう》――蒙古《もうこ》の国書が到来すると、朝廷《ちょうてい》や幕府では諸寺院に命じて大々的な蒙古降伏の祈禱を実施させた。律僧の叡尊《えいそん》も真言の祈禱を行っている。日蓮大聖人は真言という邪法による祈禱は、逆に「亡国《ぼうこく》」を招くものであるとして厳しく批判した。

●御書

【十一通御書《じゅういっつうごしょ》】

日蓮大聖人が、文永《ぶんえい》五年（一二六八年）十月十一日、四十七歳の時に、十一カ所へ宛《あ》てた十一通の書状の総称。十一カ所とは、「北条時宗《ときむね》」「宿屋左衛門光則《やどやさえもんみつのり》」「平左衛門尉頼綱《へいのさえもんのじょうよりつな》」「北条弥源太《やげんた》」「建長寺道隆《けんちょうじどうりゅう》」「極楽寺良観《ごくらくじりょうかん》」「大仏殿別当《だいぶつでんべっとう》」「寿福寺《じゅふくじ》」「浄光明寺《じょうこうみょうじ》」「多宝寺《たほうじ》」「長楽寺《ちょうらくじ》」である。

大聖人が文応《ぶんおう》元年（一二六〇年）七月、北条時頼《ときより》に対して提出した「立正安国論《りっしょうあんこくろん》」で、自《じ》界叛逆《かいほんぎゃく》・他国侵逼《たこくしんぴつ》の二難を予言したが、八年後の文永五年閏《うるう》正月十八日に蒙古より国書が到着し、予言が的中した。そこで、大聖人は四月五日に法鑒房《ほうがんぼう》へ「安国論御勘由来《あんこくろんごかんゆらい》」を、八月二十一日には宿屋入道へ書状（「宿屋入道への御状」）を送り、予言的中を指摘して、諸宗の邪義を捨てて正法に帰するよう執権《しっけん》・北条時宗への奏上を依頼した。ところが反応がなかったために出した、幕府と諸宗に対する諫状《かんじょう》の総称が「十一通御書」である。それらの内容は、予言的中を挙げ、この国難は法華経の行者である大聖人を用いなかったためであることを示すとともに、諸宗の邪義を厳しく責め、公場対決によって法の正邪を決すべきことを強く求めている。

また、同日付の「弟子檀那《でしだんな》中への御状」には「日蓮が弟子檀那・流罪《るざい》・死罪一定《いちじょう》ならん……各各《おのおの》用心有る可《べ》し少しも妻子眷属《けんぞく》を憶《おも》うこと莫《なか》れ」（一七七頁）と述べており、大難を覚悟しての諫暁《かんぎょう》であったことがうかがわれる。

十一通御書の宛先となった七カ寺

寺名	宗派	開山	開基
建長寺	臨済宗	蘭渓道隆	五代執権・北条時頼
大仏殿	浄土宗	浄光	三代執権・北条泰時
極楽寺	真言律宗	忍性良観	北条重時、実際はその子の六代執権・長時と弟・業時
寿福寺	臨済宗	栄西	北条政子
浄光明寺	浄土宗	真阿	六代執権・北条長時
多宝寺	真言律宗か	不明	不明　現存せず
長楽寺	浄土宗	智慶	名越（北条）家

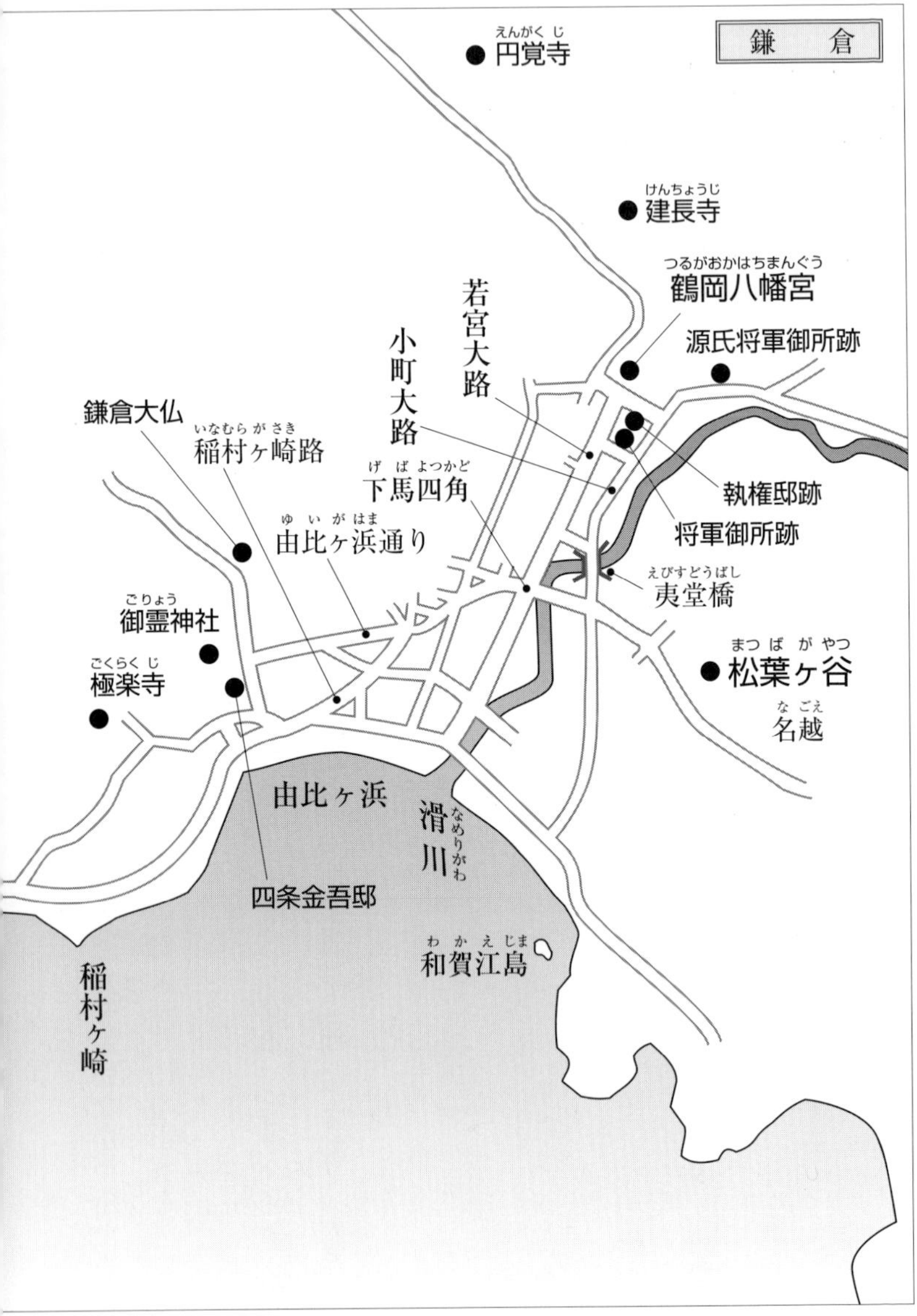

鎌　倉
円覚寺《えんがくじ》
建長寺《けんちょうじ》
鶴岡八幡宮《つるがおかはちまんぐう》
源氏将軍御所跡
若宮大路
小町大路
鎌倉大仏
稲村ヶ崎路《いなむらがさき》
下馬四角《げばよつかど》
執権邸跡
将軍御所跡
由比ヶ浜通り《ゆいがはま》
夷堂橋《えびすどうばし》
御霊神社《ごりょう》
松葉ヶ谷《まつばがやつ》
極楽寺《ごくらくじ》
名越《なごえ》
由比ヶ浜
滑川《なめりがわ》
四条金吾邸
和賀江島《わかえじま》
稲村ヶ崎

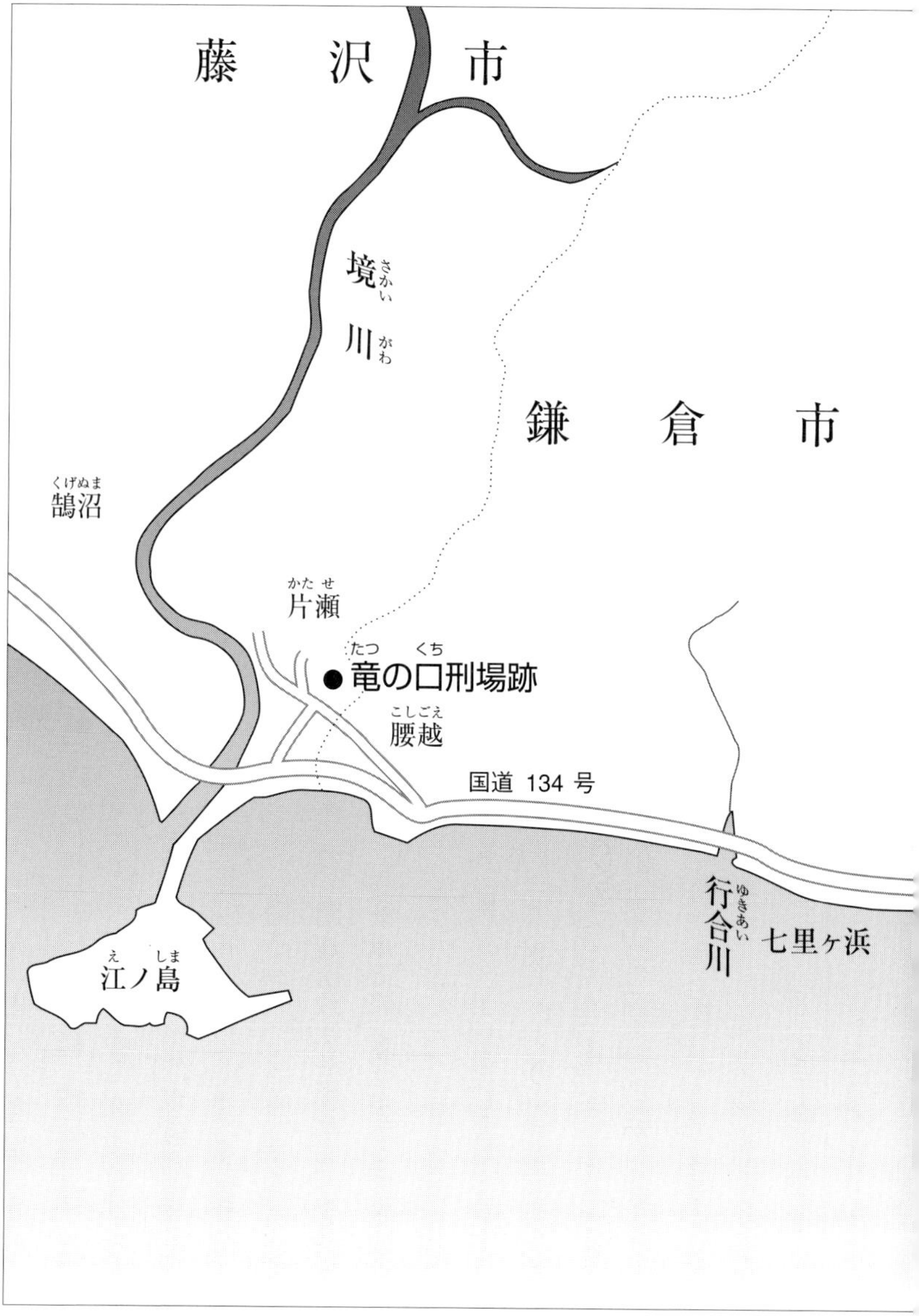

藤沢市
境《さかい》川《がわ》
鎌倉市
鵠沼《くげぬま》
片瀬《かたせ》
竜《たつ》の口《くち》刑場跡
腰越《こしごえ》
国道 134 号
行合《ゆきあい》川
七里ヶ浜
江《え》ノ島《しま》

1269 文永六年《ぶんえい》（己巳《つちのとみ》）

日蓮大聖人事績

大聖人―四十八歳（数え年）

5・9 富木常忍《ときじょうにん》ら下総《しもうさ》方面の門下のリーダー三人に書（「**問注得意抄**《もんちゅうとくいしょう》」一七八頁）を送る

11月 再び処々へ諌状《かんじょう》を送る

12・8 「立正安国論《りっしょうあんこくろん》」を書写し、奥書《おくがき》（三三頁）を記す（この頃、波木井《はきい》実長《さねなが》、日興《にっこう》上人により入信）

この年、京にいた三位房《さんみぼう》に「**法門申《ほうもんもう》さるべき様《よう》の事《こと》**」（一二六五頁）を送る

社会の動き

3・7 蒙古使《もうこし》・黒的《こくてき》ら対馬《つしま》に来着。返牒《へんちょう》を求め、島民を拉致《らち》して帰る

4・27 **問注所沙汰《もんちゅうしょさた》を廃止し、引付衆《ひきつけしゅう》を五方にふやす**

8・23 朝廷《ちょうてい》、異国降伏祈禱《いこくごうぶくきとう》を命じる

9・17 高麗使《こうらいし》、対馬に来着。蒙古の国書を届ける

9・24 蒙古の国書、朝廷に届く

●社会の動き

*問注所沙汰《もんちゅうじょさた》を廃止——問注所は沙汰（判決）を下せないことになり、たんに訴訟《そしょう》の窓口として、訴訟の内容によって沙汰権をもつ、引付《ひきつけ》、政所《まんどころ》、侍所《さむらいどころ》などに振り分ける業務に制限された。

*引付衆《ひきつけしゅう》を五方に——文永《ぶんえい》三年以来、廃止されていた引付衆（十五人）を復活させ、評定衆《ひょうじょうしゅう》の十五人と合わせ、計三十人を五方（五番）に分けた。この時の五つの引付頭人《とうにん》は、第一引付頭人が北条時章《ときあきら》で、第二は実時《さねとき》、第三は義政《よしまさ》、第四は時広《ときひろ》、第五は安達泰盛《あだちやすもり》であった。

●御書

【問注得意抄《もんちゅうとくいしょう》】

文永六年（一二六九年）五月九日、日蓮大聖人が四十八歳の時、鎌倉で執筆し、幕府の問注所から、門下の富木常忍《ときじょうにん》、四条金吾《しじょうきんご》、大田乗明《おおたじょうみょう》の三人が召喚《しょうかん》されたことに対して、出頭した際の心構えや注意すべき事柄を細かい点まで指導した書。真蹟《しんせき》は中山法華経寺《なかやまほけきょうじ》（本書118頁地図参照）にある。

【法門申《ほうもんもう》さるべき様《よう》の事《こと》】

文永六年（一二六九年）、日蓮大聖人が四十八歳の時、鎌倉から三位房《さんみぼう》に与えた書。

当時、三位房《さんみぼう》は京都に遊学中だった。前半では法然《ほうねん》の『選択集《せんちゃくしゅう》』を中心にして念仏を破折《はしゃく》し、後半では真言の教義を取り入れて権実雑乱《ごんじつぞうらん》に陥っている天台宗、特に比叡山《ひえいざん》を破折している。

また、中ほどで三位房が、ある公家《くげ》の持仏堂《じぶつどう》で説法したことを「面目《めんぼく》」である等と報告したことに言及し、正法を弘通《ぐつう》する者としての誇りを忘れ、世間の名誉にうかれて軟風《なんぷう》に染まる態度を厳しく指導している。三位房は熱原《あつはら》法難が起こっていた弘安《こうあん》元年(一二七八年)頃、退転し間もなく死亡したようだが、大聖人はその心根を鋭く見抜いて、教導しようとしたことがうかがえる。真蹟《しんせき》は中山法華経寺《なかやまほけきょうじ》にある。

当時の裁判制度

当時の裁判は、どんな事件であろうと、まず訴訟人《そしょうにん》の存在が成立の要件であった。人が死んでいて、たとえ、それが幕府の門前であったとしても、だれかが訴《うった》えてこなければ、刑事事件にならなかったのである。つまり、裁判は、原告《げんこく》が被告《ひこく》を訴えるところから始まるのである。

その時、通常は、原告は訴状《そじょう》(あるいは申状《もうしじょう》)を問注所《もんちゅうしょ》に提出する。ただ訴状には宛先がないので、つねに問注所であったかどうかわからない。問注所に提出した訴状が受理されると、幕府によって問状《といじょう》が発行され、原告（訴人《そにん》という）はその問状と自らが書いた訴状を、被告（論人という）に直接届けなければならない。したがって、原告は主体的に動きまわり、裁判成立への環境づくりを、独力で行わなければならなかったのである。

一方、被告は、幕府からの問状によって、申し開きの陳状《ちんじょう》の提出が義務づけられる。もし、ここで、陳状を出さなければ、被告の負けである。陳状は問注所を経て今度は原告に渡される。この訴状と陳状のやりとりは三度までできるのである。これを三訴《そ》三陳《ちん》という。なお、僧侶間の裁判沙汰の場合は二訴二陳となっていた。

さて、日蓮大聖人の御書には、訴状の様式をもったものが一通、陳状の様式をもったものが三通みられる。すなわち、訴状は「四十九院申状」（八四八頁）で、陳状は「滝泉寺《りゅうせんじ》申状」（八四九頁）、「頼基《よりもと》陳状」（一一五三頁）、「行敏《ぎょうびん》訴状御《ご》会通《えつう》」（一一八〇頁）である。

裁判機構とその管轄範囲

	成立	前期	後期
問注所	1184	諸国非御家人	雑務沙汰
政　所	1191	鎌倉非御家人	雑務沙汰
侍　所	1180	検断執行	検断沙汰
引付・評定衆	1225	御家人	所領関係
寄　合	文永後期	な　し	重要案件

＊前期は訴訟対象者の身分によって、後期は訴訟内容の違いによって、管轄が決められていた

1270 文永《ぶんえい》七年（庚午《かのえうま》）

日蓮大聖人事績

大聖人――四十九歳（数え年）

社会の動き

1月　朝廷《ちょうてい》、蒙古《もうこ》への返信を作るが、幕府は送らなかった

5月　高麗《こうらい》で、蒙古への服属を不服とする三別抄《さんべつしょう》の乱起こる（〜1273）

第7回十字軍（第8回ともいう）フランス王ルイ九世、チュニジア遠征に失敗

蒙古の国書

モンゴルの草原から躍《おど》り出《で》た蒙古《もうこ》は、第五代皇帝フビライの時代にはユーラシア大陸中央部をほぼ制圧するにいたる。やがて高麗《こうらい》をも支配のもとにおいたフビライが次に目標としたのは、日本であった。

文永《ぶんえい》三年（一二六六年）、フビライは通好《つうこう》を求める国書を作成して日本に送った。蒙古の使者は航海が困難であるとして引き返したが、フビライは再度厳命《げんめい》。今度は、国書を携《たずさ》えた高麗の使者・潘阜《はんぷ》が、対馬《つしま》を経由《けいゆ》して文永五年の初頭に大宰府《だざいふ》に到着した。この書に不穏《ふおん》な意図を感じ取った日本側はこれを黙殺《もくさつ》する一方、襲来に備えた戦闘の準備を開始した。翌年、フビライは再び使者を日本に送った。九月に対馬に到着した使者に対し、朝廷《ちょうてい》では今回は返書を出すことを決定したが、幕府の反対によって結局それを送ることはできなかった。

文永八年八月、高麗の使者が大宰府に着いた。九月にはその後を追うように蒙古の使節・趙良弼《ちょうりょうひつ》が来日して、強硬に国書の受領を迫った。趙は十年にも来て通好を要求したが、幕府は相変わらず返牒《へんちょう》を送ろうとしなかった。ここまでかたくなに拒否《きょひ》した以上、蒙古軍の襲来は必至《ひっし》だった。文永十一年正月、蒙古は高麗に対し大々的な造船命令を下した。同年十月の元寇《げんこう》は、いまや目前に迫っていたのである。

1271 文永《ぶんえい》八年（辛未《かのとひつじ》）

日蓮大聖人事績

大聖人―五十歳（数え年）

1・11	安房《あわ》・保田《ほた》から秋元太郎《あきもとたろう》へ書（「秋元殿御返事」一〇七〇頁）を送る（文永三年説あり）
6・18	良観房忍性《りょうかんぼうにんしょう》の**祈雨《きう》の修法《しゅほう》**を大聖人が正邪を決する機会として活用、良観は失敗（一一五七頁）
7・13	浄土僧・**行敏《ぎょうびん》**の問難に対して、公場での法論を望む返書を送る（「行敏御返事」一七九頁） この直後に良観、**良忠《りょうちゅう》**（念阿弥陀仏《ねんあみだぶつ》）、道教《どうきょう》（道《どう》阿弥陀仏《あみだぶつ》）らが行敏の名で幕府に提起した訴状《そじょう》に論難を加える（「行敏訴状御会通《そじょうごえつう》」一八〇頁）
9・10	幕府に召し出されるがかえって**平頼綱《たいらのよりつな》**を諫《いさ》める
9・12	平頼綱に書（「一昨日御書《いっさくじつごしょ》」一八三頁）を送り再度、諫める。松葉ケ谷草庵《まつばがやつそうあん》で召《め》し捕《と》られる

社会の動き

6月	鎌倉大干魃《かんばつ》
9・3	幕府が、高麗《こうらい》から届いた牒状《ちょうじょう》（国書）について朝廷《ちょうてい》に奏申《そうしん》

9・12	**竜《たつ》の口《くち》の法難**	
9・13	竜の口の刑場での斬首《ざんしゅ》を免《まぬか》れ、相模《さがみ》国愛甲《あいこう》郡**依《え》智《ち》の本間六郎左衛門尉《ろくろうざえもんのじょう》重連《しげつら》**の邸宅に送られる （9・13　**日朗《にちろう》等五人投獄《とうごく》**）	9・13　幕府、鎮西《ちんぜい》の御家人《ごけにん》に海防強化を命じる
9・14	富木常忍《ときじょうにん》に書（「土木《とき》殿御返事」九五〇頁）を送る	
9・21	四条金吾《しじょうきんご》に書（「四条金吾殿御消息」〈竜口御書〉一一一三頁）を送る	9・19　蒙古《もうこ》使者・**趙良弼《ちょうりょうひつ》**が筑前《ちくぜん》に上陸。京都か鎌倉へ直接国書を持参しようとする
10・3	獄中の日朗らに書（「五人土籠御書《ごにんつちろうごしょ》」一二一二頁）を送る。その中で大進阿闍梨《あじゃり》に留置中の門下のことを指示	
10・5	大田乗明《おおたじょうみょう》に書（「転重軽受法門《てんじゅうきょうじゅほうもん》」一〇〇〇頁）を送る	
10・9	再び獄中の日朗らに書（「土籠《つちろう》御書」一二一三頁）を送る	
10・10	**佐渡流罪《さどるざい》**となり、依智を発《た》って佐渡へ向かう	

10・21	越後国《えちご》寺泊《てらどまり》に着く
10・22	富木常忍《ときじょうにん》に書（「寺泊御書」九五一頁）を送る
10・28	佐渡《さど》に着く
11・1	佐渡・塚原三昧堂《つかはらさんまいどう》に到着する（この頃、阿仏房《あぶつぼう》、千日尼《せんにちあま》入信）
11月	「開目抄《かいもくしょう》」の執筆を始める
11・23	富木常忍に書（「富木入道殿御返事」九五五頁）を送る

10・23	朝廷《ちょうてい》で蒙古《もうこ》の牒状《ちょうじょう》をめぐって議論
11・15	蒙古、国号を元《げん》（大元大蒙古国）と改める

●日蓮大聖人事績

＊祈雨《きう》の修法《しゅほう》——仏教各派の修法によって降雨《こうう》を祈ること。古くから祈雨によって仏法の正邪を決する習わしがある。律宗の僧・良観《りょうかん》は文永《ぶんえい》八年（一二七一年）の大干魃《かんばつ》に際し、六月十八日より祈雨の修法を行った。日蓮大聖人は〝もし七日の内に雨が降れば、日蓮一門は良観の弟子となる。降らなければ、日蓮の弟子になれ〟と良観に申し出た。結局、雨は降らず、良観はさらに七日間延長して祈雨を行ったが、やはり失敗。悪風も増すばかりだっ

た。面目《めんぼく》を失った良観は大聖人を深く恨《うら》み、幕府へ訴え讒言《ざんげん》の限りを尽くした。

＊行敏《ぎょうびん》――生没《せいぼつ》年不明。南無房智慶《なむぼうちけい》の弟子で、のちに念阿良忠《ねんありょうちゅう》の弟子となった。文永八年（一二七一年）七月八日付で日蓮大聖人に書状を送り、私的な法論を仕掛けた。大聖人は逆に、公場対決を要求する返事を送付。これに対し行敏は大聖人を幕府に訴えたが、訴えの黒幕は良観、良忠、道教《どうきょう》ら鎌倉仏教界の指導者たちだった。大聖人はこの行敏訴状に対して、「行敏訴状御会通《そじょうごえつう》」（一八〇頁）を認《したた》め反論している。

＊良忠《りょうちゅう》――生没年代は一一九九～一二八七年。浄土僧・念阿良忠のこと。日蓮大聖人は「念《ねん》阿弥陀仏《あみだぶつ》」と呼んだ。嘉禎《かてい》二年（一二三六年）、筑後《ちくご》で法然《ほうねん》の弟子・弁阿聖光《べんあしょうこう》の弟子となり、正嘉《しょうか》二年（一二五八年）頃に鎌倉入り。以後、念仏者の代表格になった。文永八年（一二七一年）、弟子の行敏が大聖人を訴えたが、実質的な告訴人《こくそにん》は良忠と良観、道教であった。

＊平頼綱《たいらのよりつな》――生没年代は？～一二九三年。北条家得宗被官《とくそうひかん》で、北条時宗《ときむね》・貞時《さだとき》の二代の得宗に仕《つか》えた。平左衛門尉《へいのさえもんのじょう》、平金吾《たいらのきんご》とも表記される。竜《たつ》の口《くち》の法難の時、時宗の指示を受け、大聖人逮捕《たいほ》の指揮を執《と》った。なお、頼綱の次男・飯沼判官助宗《いいぬまはんがんすけむね》も熱原《あつはら》の法難の際、農民信徒の神四郎《じんしろう》らに蟇目《ひきめ》の矢を射て念仏を強要した。頼綱・助宗親子は大聖人一門を徹底迫害したが、後年、平禅門《へいぜんもん》の乱（一二九三年）により誅殺《ちゅうさつ》された。日興《にっこう》上人はこれを「法華《ほっけ》

現罰《げんばち》を蒙《こうむ》れり」と断じている。

＊竜《たつ》の口《くち》の法難――日蓮大聖人が蒙《こうむ》った「大事の難・四度」（二〇〇頁）のうち、最大の難。文永《ぶんえい》八年（一二七一年）の祈雨《きう》の対決で大聖人に敗《やぶ》れ怨念《おんねん》を抱《いだ》いた良観《りょうかん》は、良忠《りょうちゅう》、道隆《どうりゅう》ら他の有力僧たちと結託《けったく》し、最初に行敏《ぎょうびん》が教義問題で大聖人を幕府に訴えたが、大聖人から整然たる反論状（「行敏訴状御会通《そじょうごえつう》」）を受け取り、手詰《てづ》まり状態となった。

そこで良観らは、幕府の上官や北条重時《しげとき》の娘で故・時頼《ときより》の正室にして執権《しっけん》・時宗《ときむね》の母である尼御前《あまごぜん》などに対し種々の讒言《ざんげん》を行い、大聖人が治安《ちあん》を乱すなどとして、改めて刑事《けいじ》訴訟《そしょう》（検断沙汰《けんだんざた》という）を起こした。幕府は大聖人を表向きは佐渡流罪《さどるざい》、実際には竜の口の刑場で処刑とする判決案を作り、同年九月十日、事情聴取のために大聖人を召喚《しょうかん》して尋問《じんもん》した。ここで大聖人は侍所所司《さむらいどころしょし》（次官）の平左衛門尉頼綱《へいのさえもんのじょうよりつな》を痛烈《つうれつ》に諫暁《かんぎょう》した。

頼綱は十二日夕刻、兵数百人を連れて松葉ケ谷《まつばがやつ》の草庵《そうあん》を急襲し大聖人を逮捕《たいほ》、佐渡流罪を言い渡した。しかし、大聖人を闇《やみ》に葬《ほうむ》ると決めていた幕府は十二日の深夜、鎌倉・竜の口の刑場に連れ出し、斬首《ざんしゅ》しようとした。その時、江《え》ノ島《しま》付近から巨大な「光物《ひかりもの》」（「四条《しじょう》金吾殿御消息《きんごどのごしょうそく》」一一一四頁）が現れ、おののいた武士たちは刑の執行を果たせなかった。

十三日朝、時宗の使者が到着し、処刑を禁ずる命令が伝えられ、しばらく依智《えち》で沙汰《さた》待ちとなる。結局、大聖人は佐渡流罪となり、同年十月十日に佐渡へ向かった。この法難を機に、大聖人は「発迹顕本《ほっしゃくけんぽん》」し、末法《まっぽう》の衆生《しゅじょう》を救う御本仏《ごほんぶつ》の自覚に立ったとされる。

＊本間六郎左衛門尉重連《ろくろうざえもんのじょうしげつら》——生没年《せいぼつ》不明。北条宣時《のぶとき》の家人《けにん》で、佐渡の守護代《しゅごだい》。相模国《さがみのくに》依智（神奈川県厚木市）に所領があった。日蓮大聖人の佐渡流罪の折、身柄預《みがらあず》かりの任を負った。文永九年（一二七二年）、大聖人が鎌倉の政変を予言し、北条時輔《ときすけ》の乱が起こって的中したのを見て、念仏を捨てて大聖人に帰依《きえ》したと言われる。

＊日朗《にちろう》等五人投獄《とうごく》——竜の口の法難の後、幕府の弾圧の手は多くの日蓮門下に伸びた。依智に抑留《よくりゅう》中の大聖人は、書状（「五人土籠《つちろう》御書」一二一二頁）を送り、日朗らの苦しみを案じながらも、法華経身読《しんどく》の功徳《くどく》を讃嘆《さんたん》し、励ました。

＊佐渡流罪——律令《りつりょう》時代より流罪には近流《こんる》・中流《ちゅうる》・遠流《おんる》の三段階があった。佐渡は最も重い遠流の地にあたり、流人《るにん》たちは日蓮大聖人が「彼の国へ趣《おもむ》く者は死は多く生は稀《まれ》なり」（一〇五二頁）と記すほど苛酷《かこく》な生活を強《し》いられた。大聖人は竜の口の法難の後、佐渡に遠流され、文永八年（一二七一年）十一月から同十一年三月下旬までの約二年五カ月間、艱難《かんなん》辛苦《しんく》を忍ばれた。

＊依智《えち》——鎌倉時代の地名で、佐渡の守護代・本間重連の所領だった。現在の神奈川県厚木

市依知《えち》。日蓮大聖人は文永《ぶんえい》八年（一二七一年）九月十三日、重連《しげつら》の代官・右馬太郎《うまたろう》に護送《ごそう》されて依智《えち》に到着し、流刑地の佐渡《さど》へ出発する同年十月十日までの約一カ月間、同地に身柄を拘束《こうそく》された。（本書161頁地図参照）

＊寺泊《てらどまり》――現在の新潟県長岡市寺泊。町の西方が日本海に面し、古来、佐渡の流人《るにん》が船出した場所とされる。佐渡へ渡るための順風を待つ数日の間に、日蓮大聖人は文永八年（一二七一年）十月二十一日、流人として寺泊に到着。佐渡へ渡るための順風を待つ数日の間に、下総《しもうさ》・中山（現在の千葉県市川市）の富木《とき》常忍《じょうにん》へ書（「寺泊御書」九五一頁）を認《したた》めている。（本書161頁地図参照）

＊塚原三昧堂《つかはらさんまいどう》――佐渡流罪中の大聖人が、文永八年（一二七一年）十一月頃から翌年四月頃まで居住した三昧堂。「種種御振舞御書《しゅじゅおふるまいごしょ》」（九一六頁）の記述によれば、佐渡守護代《しゅごだい》・本間重連の邸《やしき》の後ろに位置したが、死者を埋葬《まいそう》する山野の中であり、しかも廃屋《はいおく》同然で一間四面の狭さだった。

●社会の動き

＊趙良弼《ちょうりょうひつ》――生没《せいぼつ》年代は一二一七～八六年。蒙古《もうこ》に滅ぼされた金《きん》の重臣。金が滅んだあと元《げん》のフビライに仕《つか》え、元の対日政策の担当となり、日本へは文永八年と十年に来日。しかし、幕府との交渉は決裂《けつれつ》し、文永の役《えき》（文永十一年）へとつながっていった。

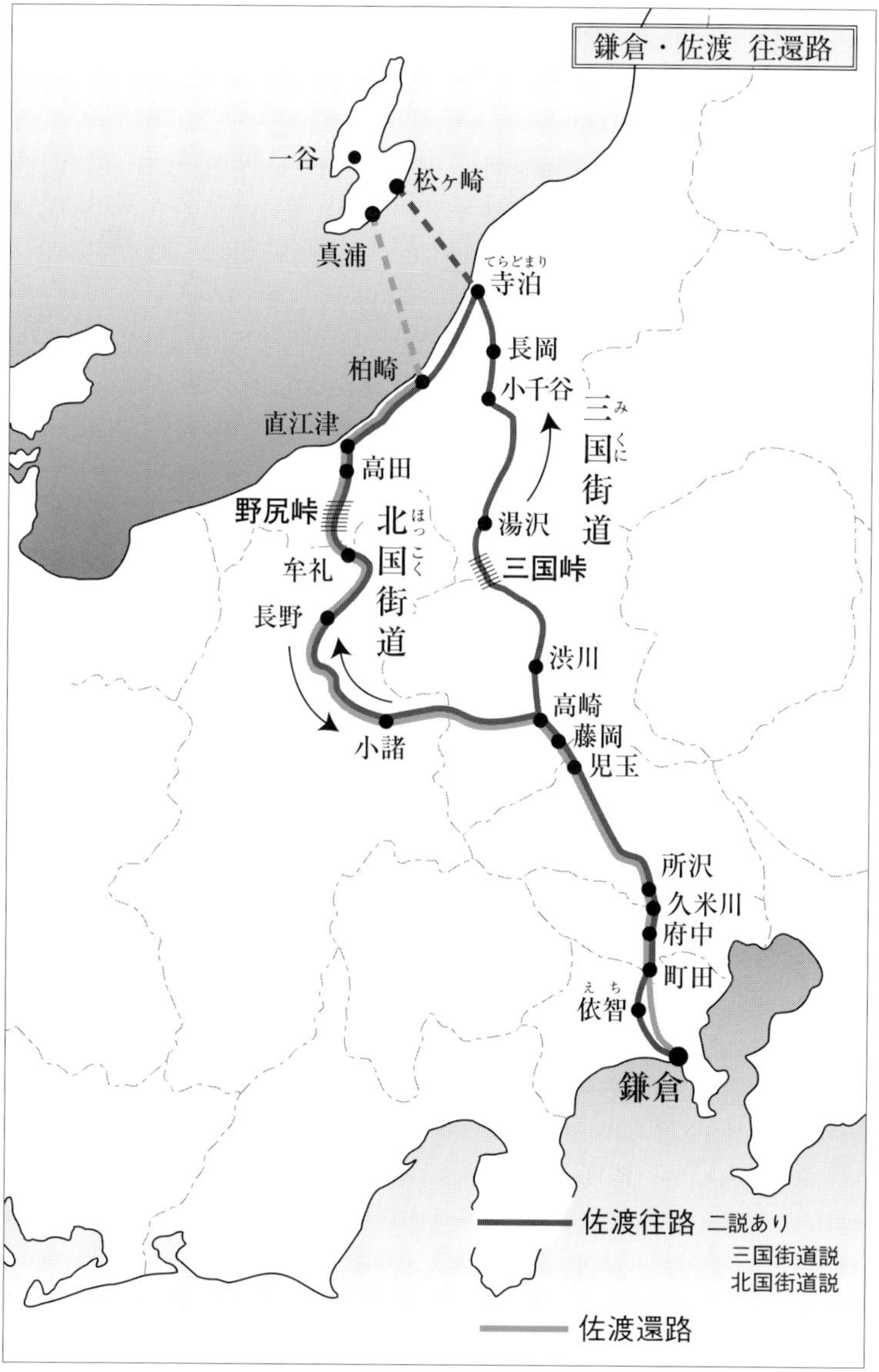
鎌倉・佐渡 往還路
一谷
松ヶ崎
真浦
寺泊《てらどまり》
長岡
柏崎
小千谷
直江津
三《み》国《くに》街道
高田
野尻峠
北《ほっ》国《こく》街道
湯沢
牟礼
三国峠
長野
渋川
高崎
小諸
藤岡
児玉
所沢
久米川
府中
町田
依智《えち》
鎌倉
佐渡往路 二説あり
三国街道説
北国街道説
佐渡還路

1272　文永《ぶんえい》九年（壬申《みずのえさる》）

日蓮大聖人事績

	大聖人―五十一歳（数え年）
1・16	**塚原問答《つかはらもんどう》** 本間重連《しげつら》に自界叛逆難《じかいほんぎゃくなん》を予言（九一八頁）
1・17	「法華浄土問答抄《ほっけじょうどもんどうしょう》」（一一七頁）を著《あらわ》す
2月	**「開目抄《かいもくしょう》」**（一八六頁）が完成し、四条金吾《しじょうきんご》に送り門下一同に与える （2月　**最蓮房《さいれんぼう》**が入信する）
2・11	最蓮房の質問に書（「生死一大事血脈抄《しょうじいちだいじけつみゃくしょう》」一三三六頁）で応答
2・18	自界叛逆難が的中した知らせが佐渡《さど》に届く（九一九頁）
3・13	阿仏房《あぶつぼう》に書（「阿仏房御書」〈宝塔御書〉一三〇四頁）を送る（執筆年に異説があり、現在は身延《みのぶ》入山後一、

社会の動き

1月	元使《げんし》・趙良弼《ちょうりょうひつ》、返信をもらえないまま高麗《こうらい》にもどる
2月	**二月騒動**（九一九頁）
2・11	**北条時章《ときあきら》**（58歳）、**教時《のりとき》**（38歳）討《う》たれる
2・15	**北条時輔《ときすけ》**（25歳）討たれる
2・17	**後嵯峨《ごさが》法皇**没する（53歳）

	二年の頃と推測されている）
3・20	富《と》木常忍《きじょうにん》に宛てて鎌倉の門下への書（「佐渡御書」九五六頁）を送る
4・10	富木常忍に書（「富木殿御返事」九六二頁）を与える
	佐渡に来た四条金吾に書（「同生同名御書《どうしょうどうみょう》」一一一四頁）を送る
	石田の郷**一谷**《いちのさわ》に居を移される
	（この頃、中興入道《なかおきにゅうどう》が入信する）
5・2	四条金吾に書（「四条金吾殿御返事」一一一六頁）を送る（文永十年五月執筆とも考えられる）
	（この頃、日妙《にちみょう》・乙御前《おとごぜん》母子、佐渡に渡る）
5・25	日妙に書（「日妙聖人《しょうにん》御書」一二一三頁）を送る
	この頃、最蓮房に書（「祈禱抄《きとうしょう》」一三四四頁）を与えたとされるが、定かではない
5月	元使・趙良弼の使者、来日するも返信は得られず
11・2	朝廷《ちょうてい》、東大寺に異国降伏《いこくごうぶく》の祈《き》禱《とう》を命じる

日蓮大聖人事績

＊塚原問答《つかはらもんどう》——日蓮大聖人が流罪《るざい》された頃の佐渡《さど》には、多くの念仏者がいた。彼らは当初、大聖人を殺害しようとしたが、日蓮を殺してはならぬという執権《しっけん》・北条時宗《ときむね》の副状《そえじょう》を受けた佐渡の守護代《しゅごだい》の本間重連《しげつら》に制止され、やむなく法論に切り替えたとされる。

文永《ぶんえい》九年（一二七二年）一月十六日、越後《えちご》（新潟県）近辺、遠くは信濃《しなの》（長野県）から数百人もの念仏者・真言師たちが塚原三昧堂《さんまいどう》に集結し、大聖人を論難しようと騒ぎ立てた。大聖人は、興奮する念仏者らを静め、道理・文証《もんしょう》のうえから完膚《かんぷ》なきまでに論破。これによって群集の中には顔面蒼白《そうはく》で沈黙する者、さらに悪口《あっく》する者、また改宗帰伏《きぶく》を誓う者も出たという。この問答を契機《けいき》に最蓮房《さいれんぼう》が大聖人に帰依《きえ》したと考えられる。

＊最蓮房《さいれんぼう》——生没《せいぼつ》年代は不詳。元天台宗の学僧で、比叡山《ひえいざん》から佐渡へ流罪されたが、そこで日蓮大聖人と出会い弟子となった。天台教学に通じ、それに関する質問を大聖人に多くしている。それに対する返答書として、大聖人から「生死一大事血脈抄《しょうじいちだいじけつみゃくしょう》」「草木成仏口決《そうもくじょうぶつくけつ》」「当体義抄《とうたいぎしょう》」「諸法実相抄《しょほうじっそうしょう》」など、多くの重要な法門書を与えられている。また「最蓮房御返事」（一三四三頁）の中で大聖人は、〝もし日蓮が先に流罪を赦免《しゃめん》されて鎌倉へ帰るならば、貴方（最蓮房）も京都に帰れるように、諸天《しょてん》に申し上げよう〟と最蓮房に約束したが、現実

に文永十一年（一二七四年）、大聖人が赦免になると、翌建治《けんじ》元年（一二七五年）に最蓮房も許され、京都に帰ったという。

＊一谷《いちのさわ》――新潟県佐渡市市野沢《いちのさわ》。文永九年（一二七二年）二月、北条時輔《ときすけ》らを討《う》った幕府は、これを日蓮大聖人の自界叛逆難《じかいほんぎゃくなん》の予言的中と考え、同年四月頃、大聖人を塚原から一谷へ移す待遇《たいぐう》改善を行ったとされる。大聖人は同十一年三月まで一谷入道《にゅうどう》の屋敷に住み、感化された入道は、表向き念仏を捨てなかったものの、種々便宜《べんぎ》をはかったという。

社会の動き

＊二月騒動――北条時輔の乱ともいう。日蓮大聖人が「立正安国論《りっしょうあんこくろん》」で予言した自界叛逆の難は、この二月騒動によって的中した。北条氏の内紛《ないふん》で執権・時宗に対し、京都六波羅探《ろくはらたん》題南方《だいみなみがた》・北条時輔（時宗の異母兄《いぼけい》）が反乱を起こし、それに呼応して、鎌倉では北条時章《ときあきら》と教時《のりとき》が時宗打倒の画策《かくさく》をしたとされる。しかし、時章は弟・教時が時輔派だったことから、誤って巻き込まれ討たれた。

＊北条時章《ときあきら》――生没年代は一二一五〜七二年。この年、時章は一番引付頭人《ひきつけとうにん》であり、幕府では執権・連署《れんしょ》に次ぐ要職にあったが、巻添《まきぞ》えにされ討たれた。時章を討ったものは執権・時宗に処断された。

＊北条教時《のりとき》――生没年《せいぼつ》代は一二三五～七二年。四条金吾《しじょうきんご》の主君・北条（名越《なごえ》）光時《みつとき》は兄に当たる。この年、教時は評定衆《ひょうじょうしゅう》の一人であったが、北条時輔《ときすけ》と親しい関係にあり、二月騒動で討《う》たれた。

＊北条時輔《ときすけ》――生没年代は一二四八～七二年。父は北条時頼《ときより》。異母弟《いぼてい》の時宗《ときむね》が執権《しっけん》になったのに不満をもち、外交政策でも対立していた。京都の六波羅探題南方《ろくはらたんだいみなみがた》を文永《ぶんえい》元年以来務めていたが、文永九年、謀反《むほん》の動きを見せ、敗れ討たれた。

＊後嵯峨《ごさが》法皇――第八十八代天皇。生没年代は一二二〇～七二年。父は土御門《つちみかど》天皇。子の宗《むね》尊親王《たかしんのう》は鎌倉幕府第六代将軍。後嵯峨法皇はこの年二月に逝去《せいきょ》したが、子の後深草《ごふかくさ》上皇（第八十九代）と亀山《かめやま》天皇（第九十代）に続く次期天皇を明確にしないままの死去であった。そのため後深草上皇系と亀山天皇系が次期天皇位をめぐり紛糾《ふんきゅう》。結局、亀山天皇の子・後宇多《ごうだ》が天皇（第九十一代）となり、対立が深まった。これが後深草上皇の持明院統《じみょういんとう》（のちの北朝）と亀山天皇の大覚寺統《だいかくじとう》（のちの南朝、後醍醐《ごだいご》天皇が出る）に分裂する南北朝時代の淵《えん》源《げん》となった。まさに二月騒動とともに同時期に起きた自界叛逆《じかいほんぎゃく》の難を象徴する法皇の死だったのである。

●御書

【開目抄《かいもくしょう》】

上下二巻。文永八年（一二七一年）十一月に佐渡流罪《さどるざい》中の塚原《つかはら》で筆を起こし、翌文永九年二月、日蓮大聖人が五十一歳の時、四条金吾を介《かい》して門下一同に与えた書。五大部、十大部の一つ。

かつて身延《みのぶ》に真蹟《しんせき》があり、六十五枚の本文と「開目」と認《したた》めた表紙一枚の六十六枚からなっていた。漢字かな交《ま》じりの文体で書かれている。

内容として、「種種《しゅじゅ》の大難・出来《しゅったい》すとも智者《ちしゃ》に我義《わがぎ》やぶられずば用《もち》いじとなり、其《そ》の外《ほか》の大難・風の前の塵《ちり》なるべし、我《われ》日本の柱とならむ我日本の眼目《がんもく》とならむ我日本の大船《たいせん》とならむ等とちかいし願《ねがい》やぶるべからず」（二三二頁）との大慈悲《じひ》の誓願《せいがん》で末法《まっぽう》悪世で法華経の説の如く忍難弘通《にんなんぐつう》してきたことを示すとともに、「日蓮は日本国の諸人にしうし《主師親》父母なり」（二三七頁）と述べ、末法の衆生に対して主師親の三徳を具《そな》えた御本仏が日蓮大聖人自身であることを示しているので、「人本尊開顕《かいけん》」の書とされる。

また、儒教《じゅきょう》・道教《どうきょう》・仏教ならびに仏教内の諸経の教えの勝劣浅深《しょうれつせんじん》を「五重の相対」で判じ、また「一念三千の法門は但《ただ》法華経の本門・寿量品の文の底にしづめたり」（一八九頁）

との三重秘伝の文で末法《まっぽう》に弘めるべき教法を明かしているので「教の重《じゅう》」に配される。大聖人が文永《ぶんえい》八年（一二七一年）九月十二日に竜《たつ》の口《くち》の法難《ほうなん》に遭《あ》い、それに続いて同十月に佐渡《さど》配流《はいる》になると、弟子《でし》檀那《だんな》に対しても迫害が襲《おそ》いかかった。そのために、ある者は難に耐えず、ある者は諸天の加護《かご》がないことを疑い、ある者は大聖人の法難に不信を起こすなど、退転する者が多かった。経文に照らして、世間の人々、弟子たちの疑いを解くとともに、末法の御本仏としての立場を示したのである。

本抄の意義については、「日蓮といゐし者は去年《こぞのとし》九月十二日子丑《ねうし》の時に頸《くび》はねられぬ、此《こ》れは魂魄《こんぱく》・佐土《さど》の国にいたりて返年《かえるとし》の二月・雪中にしるして有縁《うえん》の弟子へをくれ《贈》ばをそ《畏》ろしくて・をそろし《怕》からず・みん《見》人いかに・をぢぬらむ、此《こ》れは釈迦《しゃか》・多宝《たほう》・十方の諸仏の未来日本国・当世《とうせ》をうつし給《たも》う明鏡《めいきょう》なりかたみともみるべし」（二二三頁）と述べており、「三沢抄《みさわしょう》」には「又《また》法門の事はさど《佐渡》の国へながされ候《そうら》いし已前《いぜん》の法門は・ただ仏の爾前《にぜん》の経とをぼしめせ……而《しか》るに去《いぬ》る文永八年九月十二日の夜たつ《竜》の口にて頸《くび》をはね《刎》られんとせし時より・のち《後》ふびんなり、我《われ》につきたりし者どもにまこと《真》の事をいわ《言》ざりけるとをもう《思》て・さど《佐渡》の国より弟子どもに内内申《もう》す法門あり」（一四八九頁）とされている。

文永八年時の幕府評定構成員の位階

執権：北条時宗《ときむね》　従五位下

連署：北条政村《まさむら》　正四位下

評定衆		引付衆	
×北条時章《ときあきら》	従五位上？	北条公時《きみとき》	従五位下？
北条実時《さねとき》	従五位上	北条業時《なりとき》	従五位下
北条時広《ときひろ》	従五位上	北条宣時《のぶとき》	従五位下
×北条教時《のりとき》	従五位上	北条顕時《あきとき》	従五位下？
北条義政《よしまさ》	従五位下	安達景綱《かげつな》	従五位下？
北条時村《ときむら》	従五位下	伊賀光政《みつまさ》	従五位下？
安達泰盛《あだちやすもり》	従五位下？	二階堂行清《ゆききよ》	＊六位
大江時秀《ときひで》	従五位上？	二階堂行章《ゆきあき》	＊六位
二階堂行綱《にかいどうゆきつな》	従五位下？	安達顕盛《あきもり》	＊六位
源　氏信《うじのぶ》	従五位？	二階堂行佐《ゆきすけ》	＊六位
二階堂行忠《ゆきただ》	正六位？	大曽根長経	六位
二階堂行有《ゆきあり》	従五位下	三善政康	従五位下
三善倫長《みよしともなが》	従五位下？	三善倫経《ともつね》	六位
安達時盛《ときもり》	＊六位	中原親致《ちかむね》	六位
三善康有	六位		

？は推定　＊は官職が左衛門尉の者

×は二月騒動で倒された者

（竜の口の法難の時点での評定衆・引付衆）

1273 文永《ぶんえい》十年（癸《みずのと》酉《とり》）

日蓮大聖人事績

大聖人―五十二歳（数え年）

1・28 最蓮房《さいれんぼう》に祈禱経《きとうきょう》と書（「祈禱経送状《おくりじょう》」一三五六頁）を送る

4・25 「**観心本尊抄**《かんじんのほんぞんしょう》」（二三八頁）を著《あらわ》す

4・26 「観心本尊抄」に送状（二五五頁）を副《そ》え、富《と》木常忍《きじょうにん》に宛てて送る

5・17 最蓮房に書（「諸法実相抄《しょほうじっそうしょう》」一三五八頁）を送る

5月 「**如説修行抄**《にょせつしゅぎょうしょう》」（五〇一頁）を著す

閏《うるう》5・11 「**顕仏未来記**《けんぶつみらいき》」（五〇五頁）を著す

8・15 門下の子・経王《きょうおう》の病気に際し、書（「**経王殿御返事**」一一二四頁）を送る

9・19 日昭《にっしょう》に宛てて、鎌倉の尼御前《あまごぜん》に伝えるよう書（「辨殿《べんどの》尼御前御書」一二二四頁）を送る

社会の動き

1・16 彗星《すいせい》出現

3月 元使《げんし》・趙良弼《ちょうりょうひつ》、再び来日。大《だ》宰府《ざいふ》に入るが返信を得られず

5・27 北条政村《まさむら》没する（69歳）

6・27 干魃《かんばつ》のため、**神泉苑**《しんせんえん》で祈《き》雨《う》を行う

7・7 佐渡《さど》にいなごが大量発生する（九六四頁）

12・7	佐渡守《さどのかみ》・武蔵《むさし》の前司《ぜんじ》（**北条宣時**《のぶとき》）、佐渡の国へ「**私の御教書**《わたくしみぎょうしょ》」を出し、日蓮大聖人と弟子等の布教活動を禁圧する（一三二三頁） この年、「妙法曼陀羅供養事《みょうほうまんだらくようのこと》」（一三〇五頁）を著す

日蓮大聖人事績

***北条宣時**《のぶとき》——生没《せいぼつ》年代は一二三八〜一三二三年。御書では「武蔵《むさし》の前司《ぜんじ》」と呼ばれる。文《ぶん》永《えい》二年（一二六五年）、幕府の引付衆《ひきつけしゅう》に加わり、同四年に三十歳で武蔵守《むさしのかみ》、同十年に評定衆《ひょうじょうしゅう》の職に就《つ》いた実力者。「私《わたくし》の御教書《みぎょうしょ》」を発した時は佐渡守《さどのかみ》の立場にあった。佐渡の守護《しゅご》代《だい》・本間重連《しげつら》を家人《けにん》にもち、竜《たつ》の口《くち》の法難の際、大聖人は宣時の預かりで佐渡へ遠流《おんる》されている。のち九代執権《しっけん》・北条貞時《さだとき》の連署《れんしょ》となる。

***私《わたくし》の御教書《みぎょうしょ》**——私的な偽《いつわ》りの御教書のこと。御教書とは、将軍の意向を奉じて幕府の執権・連署が発給する命令書。

佐渡配流《はいる》中の大聖人の身柄預り人・北条宣時は、良観《りょうかん》や念仏者らの讒言《ざんげん》を聞き入れ、文永十年（一二七三年）十二月七日、家人《けにん》の佐渡守護代《さどしゅごだい》・本間重連《しげつら》宛てに私《わたくし》の御教書《みぎょうしょ》を発し、佐渡の大聖人一門を弾圧した。宣時《のぶとき》は、こうした御教書を三度も発給した（「窪尼御前《くぼのあま》御返事」一四七八頁）。

●社会の動き

＊神泉苑《しんせんえん》――京都の神泉苑の池は、雨を司《つかさど》る龍神《りゅうじん》が棲《す》むと伝えられ、古代以来の雨乞《あまご》いの聖地だった。古くは空海《くうかい》がここで雨乞いを行ったと伝えられ、のちには東寺《とうじ》の長者が祈雨《きう》の法を修することが恒例《こうれい》となった。

●御書

【観心本尊抄《かんじんのほんぞんしょう》】

一巻。詳《くわ》しくは「如来滅後五五百歳始観心本尊抄《にょらいめつごごのごひゃくさいにはじむかんじんのほんぞんしょう》」という。文永《ぶんえい》十年（一二七三年）四月二十五日、日蓮大聖人が五十二歳の時、佐渡流罪《るざい》中に、一谷《いちのさわ》で述作し、富木常忍《ときじょうにん》に与えられた書。五大部、十大部の一つ。

本抄は、末法《まっぽう》の衆生が信ずべき成仏の根本である寿量文底《もんてい》の法である南無妙法蓮華経の御本尊を明かしているので、「法本尊開顕《かいけん》」の書とされる。また、「釈尊の因行果徳《いんぎょうかとく》の二法は妙法蓮華経の五字に具足《ぐそく》す我等此《われらこ》の五字を受持《じゅじ》すれば自然《じねん》に彼《か》の因果の功徳《くどく》を譲《ゆず》り与え給《たも》う」（二四六頁）と述べ、「本門の本尊」の信受こそが成仏の肝要《かんよう》であるとの「受持即観《じゅじそくかん》心《じん》」の義を明らかにしているので、「行の重《ぎょうじゅう》」とされる。

真蹟《しんせき》は、「観心本尊抄送状《おくりじょう》」（二五五頁）とともに中山法華経寺《なかやまほけきょうじ》（本書118頁地図参照）に現存する。十七紙からなるが、全紙の表裏両面を用いて認《したた》めてある。格調高い漢文体の著作である。

本抄の重要性については、「観心本尊抄送状」に「観心の法門少少之《これ》を注して大田殿・教《きょう》信御房《しんごぼう》等に奉《たてまつ》る、此《こ》の事日蓮身《み》に当《あた》るの大事なり之を秘《ひ》す、無二の志《こころざし》を見ば之を開拓《かいたく》せらる可《べ》きか、此の書は難多く答少《すくな》し未聞《みもん》の事なれば人耳目《ひとじもく》之を驚動《きょうどう》す可きか、設《たと》い他見に及《およ》ぶとも三人四人座《ざ》を並べて之を読むこと勿《なか》れ、仏滅後二千二百二十余年未《いま》だ此の書の心有らず、国難を顧《かえり》みず五五百歳《ごのごひゃくさい》を期して之を演説す乞《こ》い願《ねが》くば一見を歴来《へきた》るの輩《やから》は師弟共に霊山浄土《りょうぜんじょうど》に詣《もう》でて三仏の顔貌《げんみょう》を拝見したてまつらん」（二五五頁）と示されている。

本抄の内容は、初めに「摩訶止観《まかしかん》」巻五上《まきじょう》の一念三千の出処《しゅっしょ》を示すとともに一念三千が情非情《じょうひじょう》にわたることを明《あ》かしている。

次いで、観心とは衆生の観心であり、末法においては「本門の本尊」を信じて南無妙法蓮華経と唱えることに尽きるとして、「受持即観心」の義を明かしている。

そして、五重三段の教相を論じ、その結論として「在世の本門と末法《まっぽう》の始《はじめ》は一同に純円《じゅんえん》なり但《ただ》し彼《かれ》は脱《だっ》此《こ》れは種《しゅ》なり彼は一品二半《いっぽんにはん》此れは但《ただ》題目の五字なり」（二四九頁）と示して釈尊の教相・寿量文上脱益《だっちゃく》の本尊を破り、「本門の釈尊を脇士《きょうじ》と為《な》す一閻浮提《いちえんぶだい》第一の本尊此《こ》の国に立つ可《べ》し」（二五四頁）と述べて、寿量文底《もんてい》下種の本尊を示している。

最後に大聖人が大慈悲を起こし、南無妙法蓮華経の御本尊を図顕《ずけん》して、末法の一切衆生に信受させることを明かしている。

【如説修行抄《にょせつしゅぎょうしょう》】

日蓮大聖人が佐渡流罪《さどるざい》中に一谷《いちのさわ》で述作し、門下一同に与えた書。不惜身命《ふしゃくしんみょう》の妙法流布こそが如説修行であることを示し、末法においては三類の強敵《ごうてき》に屈せず法華経を受持し弘通《ぐつう》する人が成仏することを教えられている。

【顕仏未来記《けんぶつみらいき》】

日蓮大聖人が一谷で述作した書。「仏の未来記を顕す」との題号が示すように、まず大聖人が釈尊の未来記を実証したことを述べ、さらに大聖人御自身の未来記を顕し、大聖人の仏法が全世界に広宣流布していくことを予言されている。とともに、弟子に広布実現への実践を促《うなが》している。

【経王殿御返事《きょうおうどのごへんじ》】

日蓮大聖人に門下が幼子《おさなご》の病気平癒《へいゆ》の祈念をお願いしたことに対する御返事。この門下に与えた本尊は「日蓮がたましひ《魂》」（一一二四頁）を図顕したものであると述べ、強盛《ごうじょう》な信心を起こし御本尊を持《たも》った者は、必ず諸天善神の加護《かご》があり、福徳に満ちていくことを教えられている。

1274 文永《ぶんえい》十一年（甲戌《きのえいぬ》）

日蓮大聖人事績

大聖人―五十三歳（数え年）

1・14	**「法華行者逢難事《ほっけぎょうじゃほうなんじ》」**（九六五頁）を著《あらわ》す
2・14	幕府、佐渡流罪《さどるざい》の赦免状《しゃめんじょう》を発する（九二八頁）
3・8	赦免状が佐渡に到着する（九二八頁）
3・14	前日、鎌倉に向けて一谷《いちのさわ》を出発するが、出航できず網羅《まうら》の津《つ》（現在の新潟県佐渡市真浦《まうら》と思われる）にとどまる（九二八頁）
3・15	寺泊《てらどまり》に行く予定であったが、大風によって流される（九二八頁）
3・26	柏崎《かしわざき》、国府《こくふ》を通って鎌倉に到着（九二八頁）
4・8	**平　頼綱《たいらのよりつな》と会見**し、蒙古《もうこ》襲来の時期について「今年は一定《いちじょう》なり」と進言する（九二一頁）
5・12	鎌倉を出発する（九二八頁）

社会の動き

1・23	佐渡で太陽が二つ（二の日）に見える（三三六頁）
2・5	佐渡で明星《みょうじょう》二つ並んで現れる（三三六頁）
4・10	**阿弥陀堂《あみだどう》（加賀《かが》）法印《ほういん》**、祈雨《きう》を行う（九二一頁）
4・12	大風（三一二頁・三一七頁）

5・17	酒輪《さかわ》、竹の下、車返し、大宮、南部を経て**身延**《みのぶ》に到着する（九六四頁　本書197頁地図参照）
5・17	富木常忍《ときじょうにん》に書（「富木殿御書」九六四頁）を送る
5・24	「**法華取要抄**《ほっけしゅようしょう》」（三三一頁）を著し、富木常忍に送る
6・17	仮の庵室《あんしつ》完成（一五四二頁）
7・11	故・南条兵衛七郎《なんじょうひょうえしちろう》の夫人に書（「上野殿後家尼《ごけあま》御返事」一五〇四頁）を送る（執筆年に異説があり、現在では文永二年七月執筆とされる）
7・26	南条時光《ときみつ》に書（「上野殿御返事」一五〇七頁）を送る （8・10 南条七郎太郎〈時光の兄〉没） （この年、日目《にちもく》、初めて日興《にっこう》上人に会う）
9・26	四条金吾《しじょうきんご》に書（「**主君耳入此法門免与同罪事**《しゅくんにじゅうしほうもんめんよどうざいじ》」一三一三頁）を送る
12・15	「**顕立正意抄**《けんりゅうしょういしょう》」（五三六頁）を著し、予言的中を宣言して自らの正義を示す
10月	蒙古《もうこ》襲来（**文永の役**《えき》）（一〇八三頁・一三二九頁）
10・5	元《げん》軍、対馬《つしま》を侵《おか》す
10・14	元軍、壱岐《いき》に侵攻
10・20	元軍、筑前《ちくぜん》に上陸
11・7	朝廷《ちょうてい》、蒙古調伏祈禱《ちょうぶくきとう》を十六社に命じる

● 日蓮大聖人事績

＊平　頼綱《たいらのよりつな》と会見――平頼綱は佐渡流罪《さどるざい》から帰った日蓮大聖人と会見し、次なる蒙古襲来《もうこしゅうらい》の時期を問い、また寺院の建立《こんりゅう》を申し出るとともに蒙古調伏《ちょうぶく》の祈禱《きとう》を要請した。これに対して大聖人は、「今年は一定《いちじょう》よすべし」(「報恩抄」三二三頁)と、蒙古来襲は今年であると答えたが、祈禱の要請に応じることは謗法《ほうぼう》に同ずるものであるとして退《しりぞ》けた。この平頼綱との会見は、大聖人の三度にわたる国主諫暁《かんぎょう》である「三度のかうみよう《高名》」(「撰時抄」二八七頁)の三度目に当たる。

＊身延《みのぶ》――甲斐《かい》国波木井《はきい》郷の身延山周辺の地名。現在の山梨県南巨摩《こま》郡身延町。佐渡流罪を赦免《しゃめん》となり、鎌倉で三度の諫暁を終えた日蓮大聖人は、文永《ぶんえい》十一年(一二七四年)五月から弘安《こうあん》五年(一二八二年)九月までの足かけ九年間をこの地に過ごしている。日興《にっこう》上人の教化《きょうけ》によって門下となった波木井実長《さねなが》の領地で、大聖人の入滅後に墓所が設《もう》けられたが、実長が違背《いはい》したため、日興上人はこの地を離れた。

● 社会の動き

＊阿弥陀堂《あみだどう》(加賀《かが》)法印《ほういん》――鎌倉大倉の阿弥陀堂の別当《べっとう》、加賀法印定清《じょうしょう》。生没《せいぼつ》年代は一一八五～一二八〇年。真言宗の僧で「東寺《とうじ》第一の智者」(「報恩抄」三一七頁)として有名だった。

この年、祈雨《きう》の修法《しゅほう》を行ったが、大風が吹き荒れ、鎌倉に甚大《じんだい》な被害を及ぼした。日蓮大聖人はその原因が、法印の修法にあると「種種御振舞御書《しゅじゅおふるまいごしょ》」(九一二頁)で弾呵《だんか》している。

＊文永の役《ぶんえいのえき》——軍船九百隻《そう》に分乗した元軍《げんぐん》・高麗軍《こうらいぐん》は、対馬《つしま》、壱岐《いき》を経て、十月二十日未明、博多湾に上陸を開始した。日本側は苦戦したが、元側は夜間に引き揚げ、翌朝には船団は完全に姿を消していた。暴風雨があったという説もあるが、確実な根拠はない。日蓮大聖人は文永の役について「一谷入道御書《いちのさわにゅうどうごしょ》」(一三二九〜三〇頁)でその惨状《さんじょう》を詳しく述べているが、この記述は文永の役を知る貴重な文献資料として価値が高い。

●御書

【法華行者逢難事《ほっけぎょうじゃほうなんじ》】

文永十一年(一二七四年)正月十四日、日蓮大聖人が五十三歳の時、佐渡国(新潟県)一谷から、富木常忍《ときじょうにん》をはじめ門下一同に与えられた書。「法華行者値難事《ほっけぎょうじゃちなんじ》」ともいう。

最初に、竜樹《りゅうじゅ》、天親《てんじん》(世親《せしん》)が法華経を弘《ひろ》めず、天台大師、伝教大師が三大秘法《ひほう》を説かなかったのは仏から付嘱《ふぞく》されなかったためと時機未熟《じきみじゅく》のためであることを明かしている。

そして、釈尊や竜樹、天親、天台大師、伝教大師等が受けた難を明かしている。さらに末法《まっぽう》の法華経の行者の難は先師の難とは比較にならない大難であると述べ、大聖人が逢《あ》った難は釈尊、天台大師、伝教大師等の難にまさることを示す。ゆえに日蓮大聖人こそ末法《まっぽう》の法華経の行者であると断言されている。また、門下も深くこのことを理解して、たとえ身命に及ぶような大難が起ころうとも決して退転してはならないと強く激励している。

なお本抄で「本門の本尊と四菩薩《しぼさつ》と戒壇《かいだん》と南無妙法蓮華経の五字」（九六五頁）と記されているのが、現在伝わっている御書の中では三大秘法が整足《せいそく》して記された最初のものである。

【法華取要抄《ほっけしゅようしょう》】

文永《ぶんえい》十一年（一二七四年）五月二十四日、日蓮大聖人が五十三歳の時、身延《みのぶ》から富木常忍《ときじょうにん》に与えた書。略して「取要抄」ともいう。十大部の一つ。法華経の要中の要である三大秘法の南無妙法蓮華経こそ、末法弘通《ぐつう》の本尊であることを明かしている。本書の真蹟《しんせき》は中山《なかやま》法華経寺《ほけきょうじ》（本書118頁地図参照）にある。内容は、まず諸経を教法、教主の両面から勝劣を明かして法華経が最勝の経であることを示し、次いで法華経、なかんずく如来寿量品《にょらいじゅりょうほん》は釈尊滅後末法の日蓮大聖人のために説かれたものであることを明かす。そして、末法流布の大法は法華経の肝要《かんよう》である三大秘法の南無妙法蓮華経であることを示して、広略《こうりゃく》を捨てて要《よう》の法華経である妙法蓮華経の五字を取る所以《ゆえん》を明かしている。

【主君耳入此法門免与同罪事《しゅくんにうしほうもんめんよどうざいじ》】

文永十一年（一二七四年）九月二十六日、日蓮大聖人が五十三歳の時、身延から四条金吾《しじょうきんご》に与えられた消息文。四条金吾が主君の江間《えま》入道を折伏《しゃくぶく》したことを報告したのに対し、これで与同罪を免《まぬか》れることができたと喜ぶ一方、主君の不興《ふきょう》を買い、また同僚の妬《ねた》みもあったという背景をふまえて、特に今後は自分の身を引き締め、身辺に用心して、酒宴《しゅえん》等に際しても十分に注意するようにと、細かい注意と信心の激励を与えている。

【顕立正意抄《けんりゅうしょういしょう》】

文永十一年（一二七四年）十二月十五日、日蓮大聖人が五十三歳の時、身延で述作した書。同年三月、佐渡流罪《さどるざい》から鎌倉に帰った大聖人は、同年四月八日、平左衛門尉頼綱《へいのさえもんのじょうよりつな》に対して、正法に帰《き》さなければ今年中に蒙古《もうこ》が攻めてくるであろうと断言し、三回目の諫暁《かんぎょう》をした。幕府がこれを用いなかったため、「三度・国をいさめんに・もちゐずば国をさるべし」（「種種御振舞御書」九二三頁）と、身延へ入山した。同年十月、大聖人の予言どおり蒙古の大軍が来襲した。その直後に、「立正安国論《りっしょうあんこくろん》」以来の大聖人の主張が正義であることを示すために認《したた》めたのが、本抄である。題号は「立正安国の意を顕す」との意味で「けんりっしょういしょう」ともいう。

1275 建治《けんじ》元年 (乙亥《きのとい》) 4・25改元 〈文永《ぶんえい》十二年〉

日蓮大聖人事績

大聖人―五十四歳(数え年)

(1月末 日興《にっこう》上人が南条兵衛七郎《ひょうえしちろう》の墓へ大聖人の代わりに赴《おもむ》く)

3・6 四条金吾《しじょうきんご》に書(「四条金吾殿御返事」〈此経難持御書〉一一三六頁)を送る

3・21 三位房《さんみぼう》へ法論のために「教行証御書《きょうぎょうしょうごしょ》」(一二七六頁)を送る(執筆年に異説あり)

4・12 四条金吾に書(「王舎城事《おうしゃじょうのこと》」一一三七頁)を送る

4・12 国府《こう》入道夫妻に書(「国府入道殿御返事」一三二三頁)を送る

4・16 父によって信心を反対された**池上兄弟**に書(「兄弟抄」一〇七九頁)を送る(執筆年に異説があり、最近は建治二年と推定されている)

社会の動き

元《げん》軍、各地で南宋《なんそう》軍を撃破

3月 極楽寺《ごくらくじ》炎上(一一三七頁)

4・15 元使《げんし》・**杜世忠《とせいちゅう》**、来日

4月	曾谷教信《そやきょうしん》に書（「法蓮抄《ほうれんしょう》」一〇四〇頁）を送る
5月	妙一尼《みょういちあま》に書（「妙一尼御前御消息《ごぜんごしょうそく》」一二五二頁）を送る
5・25	さじき女房に書（「さじき女房御返事」一二三一頁）を送る （この頃、日興上人の教化《きょうけ》で滝泉寺大衆《りゅうせんじだいしゅ》が改宗。熱原《あつはら》の法難が始まる）
6・22	西山《にしやま》入道に書（「三三蔵《さんさんぞう》祈雨事《きうのこと》」一四六八頁）を送る〈建治二年説あり〉
6・27	浄蓮房《じょうれんぼう》に書（「浄蓮房御書」一四三二頁）を送る
7・2	南条時光《なんじょうときみつ》に書（「南条殿御返事」一五四一頁）を送る
7・2	大学三郎《だいがくさぶろう》に書（「大学三郎殿御書」一二〇三頁）を送る （この頃、日興上人、覚乗房《かくじょうぼう》が賀島《かじま》〈静岡県富士市〉の高橋家に拠《よ》って弘教）

7・12	高橋六郎兵衛《ひょうえ》に書（「高橋入道殿御返事」一四五八頁）を送る
7・12	南条時光《ときみつ》に書（「上野殿御返事」一五一二頁）を送る
	（7・16　四条金吾《しじょうきんご》が他宗の僧と諸法実相《しょほうじっそう》について論争・一一三九頁）
7・22	四条金吾に書（「四条金吾殿御返事」一一三九頁）を送る
8・4	乙御前《おとごぜん》の母に書（「乙御前御消息《ごしょうそく》」〈身軽法重抄〉一二一八頁）を送る
8・16	妙心尼《みょうしんあま》に書（「妙心尼御前御返事」一四七九頁）を送る（弘安《こうあん》元年説を改める）
8・21	池上（弟）へ書（「兵衛志殿《ひょうえのさかんどの》御返事」一〇八九頁）を送る（執筆年に異説あり）
8・23	富《と》木常忍《きじょうにん》に書（「富木殿御書」九六九頁）を送る
8月	南条時光の母に書（「単衣抄《ひとえしょう》」一五一四頁）を送る

9・3	千日尼《せんにちあま》に書（「阿仏房尼御前《あぶつぼうあまごぜん》御返事」〈暇堅固御書〉一三〇七頁）を送る
9月	西山《にしやま》殿へ書（「蒙古使《もうこつかい》御書」一四七二頁）を送る
10・25	強仁《ごうにん》が大聖人に勘状《かんじょう》を送ってくる（一八四頁）
11・20	池上（弟）へ書（「兵衛志殿御返事」一〇九〇頁）を送る（建治《けんじ》三年説あり。本書188頁参照）
11・23	曾谷教信《そやきょうしん》の誤りを正すため富木常忍に「観心《かんじんの》本尊得意抄《ほんぞんとくいしょう》」（九七二頁）を送る
12・26	強仁の勘状が届き、返信（「強仁状《ごうにんじょう》御返事」一八四頁）を書く
	この年、「撰時抄《せんじしょう》」（二五六頁）を著《あらわ》す
	この年、「聖人知三世事《しょうにんちさんぜじ》」（九七四頁）を著す
	南条時光に書（「上野殿御消息」一五二六頁）を送る

9・7	幕府、杜世忠《とせいちゅう》ら五人を竜《たつ》の口《くち》で斬《き》る（一〇九五頁）
12・8	幕府、外征《がいせい》を企《くわだ》て、**梶取《かじとり》・水《か》手《こ》を召集**する
	マルコ・ポーロ、フビライに会う（1274年夏説もあり）

●日蓮大聖人事績

＊池上兄弟——兄の池上右衛門大夫《うえもんのたいふ》宗仲《むねなか》と弟の兵衛志《ひょうえのさかん》（宗長《むねなが》とされる）のこと。兄の宗仲は、武蔵《むさし》国池上郷（現在の東京都大田区池上）の地頭《じとう》。兄弟はともに日蓮大聖人の門下であったが、極楽寺良観《ごくらくじりょうかん》に帰依《きえ》していた父の左衛門大夫《さえもんのたいふ》（康光《やすみつ》とされる）に信心を反対された。それでも信心を貫《つらぬ》き、兄の宗仲は二度勘当《かんどう》されている。大聖人は「兄弟抄」等を執筆して励まし、兄弟は妻たちとともに父を入信に導いた。大聖人は弘安《こうあん》五年（一二八二年）十月十三日、宗仲の館《やかた》で入滅した。

●社会の動き

＊杜世忠《とせいちゅう》——生没《せいぼつ》年代は一二四二～七五年。元《げん》のフビライに仕《つか》えた官僚。文永《ぶんえい》の役《えき》の翌年、日本への正使となり来日したが、幕府によって斬殺《ざんさつ》された。日蓮大聖人は「蒙古使御書《もうこつかいごしょ》」（一四七二頁）を書き、念仏真言禅律等の法師が斬《き》られたのではなく、蒙古の使いである杜世忠が首を斬られたことを不憫《ふびん》だといわれている。

＊梶取《かじとり》・水手《かこ》の召集——かろうじて元軍の来襲をかわした幕府は、翌年三月に異国征伐《いこくせいばつ》の軍を発することを決定し、中国以西の国々に対して軍士はもとより、梶取・水手といった船員の召集を命じた。ただし、この計画は実施されることはなかった。

●御書

【撰時抄《せんじしょう》】

建治《けんじ》元年（一二七五年）、日蓮大聖人が五十四歳の時、身延《みのぶ》から西山《にしやま》の由井《ゆい》氏に与えられた書。五大部、十大部の一つ。本抄には由井氏の名は記されていないが、「富士一跡門徒存《ふじいっせきもんとぞん》知《ち》の事《こと》」には「一、撰時抄一巻、今開して上中下と為す。駿河《するが》国西山由井某《ぼう》に賜《たまわ》る、正本《しょうほん》日興《にっこう》に上中二巻之《こ》れ在《あ》り……下巻に於《お》いては日昭《にっしょう》が許《もと》に之れ在り」（一六〇四頁）と述べられている。由井氏は芝《しば》川と富士川に合流する河合《かわい》に住んでいた日興上人の外戚《がいせき》に当たる。

「夫《そ》れ仏法を学せん法は必ず先《ま》づ時をならうべし」（二五六頁）と冒頭《ぼうとう》に示されているように、「撰時抄」とは「時を撰《えら》ぶ抄」の意である。爾前経《にぜんきょう》は機《き》に応じて種々の説法をするゆえに機が主体であるが、法華経は時が来れば、相手の機根にかかわらず強《し》いて説くので、時が主となる。「撰時抄」では、正法、像法、末法《まっぽう》の時代の機感相応《きかんそうおう》の正法を説き示し、結論として三大秘法の妙法が末法適時《ちゃくじ》の法であり、その教主は大聖人であることが説かれている。また、当時の世相は仏の予言のとおりの白法隠没《びゃくほうおんもつ》の時であることを述べ、諸宗、特に真言を徹底的に破折《はしゃく》しながら、末法に寿量品文底秘沈《もんていひちん》の三大秘法が広宣流布することを明かしている。

「兵衛志殿《ひょうえのさかんどの》御返事」と「治病《じびょう》大小権実《ごんじつ》違目《いもく》」の執筆年

日蓮大聖人が門下の人々に与えた御書は多く伝わっているが、それらの執筆年については古来、異説があるものが少なくない。それぞれの研究が進み、本書では、「兵衛志殿御返事」（「三障四魔事」）の執筆年を建治《けんじ》元年（一二七五年）を建治三年（一二七七年）に改めた。また、「治病大小権実違目」（「治病抄」）については、御書全集に示されている弘安《こうあん》五年説とともに、異説として有力な弘安元年説を併記《へいき》した。その理由を以下に簡潔《かんけつ》に示す。

●兵衛志殿御返事（三障四魔事）（一〇九〇頁）

極楽寺《ごくらくじ》入道・北条重時《しげとき》には五人の男子がいたが、長男は夭逝《ようせい》し、次男は文永《ぶんえい》元年（一二六四年）に、三男は文永七年（一二七〇年）に亡くなり、四男・義政《よしまさ》は病気になって建治三年（一二七七年）四月に連署《れんしょ》を辞任し引退している。そして、ただ一人残った五男・業時《なりとき》が同年五月に越後守《えちごのかみ》に任じられている。本抄には「当時（＝現在）も武蔵《むさし》の入道（＝四男・義政）そこばくの所領所従等をすてて遁《とん》世《せい》あり」（一〇九一頁）、「ただいまは・へちご《越後》の守殿一人計《ばか》りなり」（一〇九三頁）とあることから、建治三年でしかも五月以降であることがわかる。そこで建治三年十一月二十日とする。

●治病大小権実違目（治病抄）（九九五頁）

本抄の真筆《しんぴつ》は千葉・中山法華経寺《なかやまほけきょうじ》（本書118頁地図参照）に残っているが月日のみで年が記されてお

らず、古来、弘安五年説と弘安元年説がある。

弘安五年説は、「此の三十余年の三災・七難等は……日本・一同に日蓮をあだみて」（九九八頁）とあることに基づき、建長《けんちょう》五年（一二五三年）の立教開宗から数えて足掛け三十年に当たる弘安五年以降と考え、日蓮大聖人の入滅が同年であることによると思われる。

一方、弘安元年説は以下の理由から立てられている。

本抄には「去今《こぞ》年・去《い》ぬる正嘉《しょうか》等の疫病等」（九九七頁）とあり、弘安五年説だとすると弘安四年から五年に疫病がなければならないが、主要な歴史的記録に見当たらず、諸御抄の言及《げんきゅう》もない。これに対して、弘安元年およびその前年の建治三年には、疫病の記録が散見し、さらに執筆年が確かな諸御抄にも記されている。

また、本抄には「此の法門のかたづら《半面》は左衛門尉殿《さえもんのじょうどの》にかきて候《そうろう》」（九九五頁）とあり、この言葉に相当する書として、病気を分類し軽重《けいちょう》を論じている内容をもつ中務《なかつかさ》左衛門尉（四条金吾《しじょうきんご》）に与えられた「中務左衛門尉殿御返事（二病抄）」（一一七八頁）が有力である。

「二病抄」は花押《かおう》の形態や筆跡から弘安元年と推定されている。また「日蓮下痢《くだりはら》去年《こぞ》十二月卅《さんじゅう》日」（一二七九頁）とあることから、同じく、「去年《こぞ》の十二月の卅日より・はらのけ《下痢》の候しが」（一〇九九頁）とある「兵衛志殿御返事」（「厳冬深山御書」）と同年の執筆と見なされる。「厳冬深山御書」は「うるう《閏》十月卅日」（一〇九八頁）とあることから在世当時、閏《うるう》十月があった弘安元年であったことがわかり、それと同内容の「二病抄」が弘安元年と確定し、さらに「治病抄」が弘安元年と推定される。

また「二病抄」と「治病抄」は、花押の形態や筆跡でも高い類似性《るいじせい》が見られる。

1276 建治《けんじ》二年（丙子《ひのえね》）

日蓮大聖人事績

大聖人―五十五歳（数え年）

1・11	清澄寺《せいちょうじ》の僧たちに書（「**清澄寺大衆中**《だいしゅちゅう》」八九三頁）を送る
	この頃、大聖人に法論を挑《いど》むという風評があり、それに応ずるために経典類を収集（八九三頁）
2・17	松野六郎左衛門《まつのろくろうざえもん》に書（「松野殿御消息《ごしょうそく》」一三七八頁）を送る
	（3月　富木常忍《ときじょうにん》の母が死去する）
3・18	南条時光《なんじょうときみつ》に書（「南条殿御返事」一五三〇頁）を送る
3・27	富木常忍夫人へ書（「富木尼御前《あまごぜん》御返事」〈弓箭《ゆみや》御書〉九七五頁）を送る
3月	光日尼《こうにちあま》に書（「光日房御書」九二六頁）を送る

社会の動き

1・18	南宋《なんそう》の恭帝《きょうてい》、元《げん》に降伏
1・20	北条時宗《ときむね》邸火災（一一七六頁）
3・10	幕府、筑前《ちくぜん》の防備のため**石塁**《せきるい》の構築を開始する

	この頃、「**種種御振舞御書**《しゅじゅおふるまいごしょ》」（九〇九頁）を著《あらわ》す
閏《うるう》3・5	妙密《みょうみつ》に書（「妙密上人御消息」一二三七頁）を送る
閏3・24	南条時光に書（「南条殿御返事」一五三二頁）を送り、蒙古襲来《もうこしゅうらい》への信心の姿勢を教示する
4・12	国府《こう》入道夫人に書（「国府入道殿御返事」一三三三頁）を送る
6・27	四条金吾《しじょうきんご》に書（「四条金吾殿御返事」一一四三頁）を送る
7・15	四条金吾に書（「四条金吾釈迦仏供養事《しゃかぶつくようじ》」一一四四頁）を送る
7・21	日昭《にっしょう》へ書（「辧殿《べんどの》御消息」一二二五頁）を送り、退転の徒に言及する
7・21	師・道善房《どうぜんぼう》の死去に際し、「**報恩抄**《ほうおんしょう》」（二九三頁）を著して清澄寺の浄顕房《じょうけんぼう》・義城《ぎじょう》（浄）房《ぼう》に送る **日向**《にこう》等を派遣《はけん》して「報恩抄」を道善房の墓前で読ませる（三三〇頁）

8・3	曾谷《そや》教信《きょうしん》に書（「曾谷殿御返事」〈成仏用心抄〉一〇五五頁）を送る （この頃、四条金吾《しじょうきんご》が領地替えになる）
9・6	四条金吾に書（「四条金吾殿御返事」一一四八頁）を送る （11・24 日目《にちもく》、初めて身延《みのぶ》を訪《たず》ねる） （池上宗仲《むねなか》、勘当《かんどう》を許される） （駿河《するが》熱原《あつはら》滝泉寺《りゅうせんじ》院主代《いんしゅだい》、同寺居住の日蓮の弟子らに念仏を強要する）
12・9	松野《まつの》六郎《ろくろう》左《ざ》衛門《えもん》に書（「松野殿御返事」一三八一頁）を送る
12月	南条《なんじょう》平七郎《へいしちろう》に書（「本尊《ほんぞん》供養《くよう》御書」一五三六頁）を送る

10・23	**金沢実時**《かねざわさねとき》没する（53歳）
12・15	**北条宗政**《むねまさ》邸火災（一一七六頁）

日蓮大聖人事績

＊日向《にこう》――六老僧の一人。生没《せいぼつ》年代は一二五三～一三一四年。日蓮大聖人と同じ安房《あわ》出身で、弟子になったのは、大聖人が安房に戻った文永《ぶんえい》元年の頃とされる。佐渡流罪《さどるざい》以前に御書には記されず、建治《けんじ》期以降の御書に仮名《けみょう》として「さど房」「佐渡公」と称《しょう》されていることから、日興《にっこう》上人同様、佐渡流罪中、佐渡で大聖人に仕《つか》えていたと考えられる。この年（建治二年）正月に、真言破折のため典籍《てんせき》を求めに清澄寺《せいちょうじ》に行っており、三月には同じく安房の光日尼《こうにちあま》の子・弥四郎《やしろう》が死去した際、大聖人の書簡（「光日房御書」九二六頁）を携《たずさ》え、安房にわたっている。そして、七月に「報恩抄《ほうおんしょう》」を持参して清澄寺に行き、大聖人の命《めい》により、道善房《どうぜんぼう》の墓前で「報恩抄」を読んだ。

日向は大聖人滅後、日興上人より身延《みのぶ》の学頭として迎えられるが、地頭《じとう》・波木井実長《はきいさねなが》の謗法《ほうぼう》に加担《かたん》する。そのため、日興上人は身延離山《りざん》を余儀《よぎ》なくされた。

社会の動き

＊石塁《せきるい》――現在もその一部を残す元寇防塁《げんこうぼうるい》は、前面の高さ二・六メートル、上面の幅二・五メートルの規模で、博多《はかた》湾に沿って延々二十キロメートルにわたって築かれた。その築造《ちくぞう》は九州の国ごとに分担地域が決められ、国内の御家人《ごけにん》に割り当てられた。

＊金沢実時《かねざわさねとき》――生没年代《せいぼつ》は一二二四～七六年。二代執権《しっけん》・義時《よしとき》の孫、北条実時。武蔵国《むさし》六浦《むつら》荘を領有する。六浦の港を支配下に置き、領内の金沢に住したので、金沢氏と称《しょう》する。学問を好み、書物を集め、金沢文庫の基礎を築く。叡尊《えいそん》（本書127頁参照）の鎌倉入りを主導し、金沢の称名寺《しょうみょうじ》を真言律宗に改宗している。

＊北条宗政《むねまさ》――生没年代は一二五三～八一年。父は五代執権・北条時頼《ときより》。母は極楽寺重時《ごくらくじしげとき》の娘。北条政村《まさむら》の娘と結婚し、文永《ぶんえい》九年に評定衆《ひょうじょうしゅう》、建治《けんじ》二年の時は引付頭人《ひきつけとうにん》であった。

●御書

【清澄寺大衆中《せいちょうじだいしゅちゅう》】

建治二年（一二七六年）正月十一日、日蓮大聖人が五十五歳の時、身延《みのぶ》から清澄寺僧徒一同に与えられた書。前年末、真言《しんごん》の僧・強仁《ごうにん》より勘状《かんじょう》が届き、公場で、仏法の邪正を明確にする好機が到来したので、法論に備えて真言の書籍の貸与《たいよ》を依頼している。虚空蔵菩薩《こくうぞうぼさつ》に日本第一の智者になし給《たま》えとの誓願を立てて、智慧の大宝珠《だいほうじゅ》を授けられたのを機に、一切経の勝劣がわかるようになったこと、その報恩のために立教開宗をしたことや、安房国《あわ》での法華経の実証を述べられている。そして、追伸《ついしん》の部分で、虚空蔵菩薩像の前で本抄を読み上げるよう要請している。

【種種御振舞御書《しゅじゅおふるまいごしょ》】

日蓮大聖人が身延《みのぶ》から安房の光日房《こうにちぼう》に与えた書とされてきたが、現在は清澄寺を中心とする地域の弟子たちに与えたものと推測されている。文永五年（一二六八年）に蒙古《もうこ》の国書が届いてから建治二年（一二七六年）までの約九年間にわたる大聖人の妙法弘通と忍難《にんなん》の振る舞いが記されている。竜《たつ》の口《くち》の法難当時の様子、佐渡流罪《さどるざい》の経緯《けいい》、佐渡流罪中の生活の模様、三度目の国主諌暁《かんぎょう》と身延入山などが詳《くわ》しく述べられている。

【報恩抄《ほうおんしょう》】

建治二年（一二七六年）七月二十一日、日蓮大聖人が五十五歳の時、身延で述作し、清澄寺の故師・道善房《どうぜんぼう》の供養のため浄顕房《じょうけんぼう》、義城《ぎじょう》(浄)房《ぼう》のもとへ送った書。五大部、十大部の一つ。

日興上人《にっこうしょうにん》の「富士一跡門徒存知《ふじいっせきもんとぞんち》の事《こと》」に「一、報恩抄一巻、今開して上下と為《な》す。身延山に於《おい》て本師道善房聖霊《どうぜんぼうしょうりょう》の為《ため》に作り清澄寺に送る日向《にこう》が許《もと》に在《あ》りと聞く、日興所持の本は第二転なり、未《いま》だ正本《しょうほん》を以《もっ》て之を校《かんが》えず」（一六〇四頁）とある。身延にあった真蹟《しんせき》は明治八年（一八七五年）の火災により焼失した。道善房逝去《せいきょ》の報を聞いた大聖人は、その死を悼《いた》み、本抄を著《あらわ》し、日向を使者として清澄寺に遣《つか》わし、嵩《かさ》が森《もり》の頂《いただき》と故道善房の墓前で拝読させた。

内容は、最初に通じて四恩を報じ、別して故師道善房《どうぜんぼう》の恩を報ずべきことを明かす。そして、大恩を報ずるためには必ず仏法を習いきわめて智者となることが肝要《かんよう》とされ、そのためには出家して一代聖教《いちだいしょうぎょう》を学ばなくてはならないとしている。インド、中国、日本の各宗の教義を挙《あ》げて破折《はしゃく》し、一代聖教の中では法華経が最勝であり、法華経の肝心《かんじん》は題目にあることを示し、さらに末法《まっぽう》の法即《そく》人の本尊と、題目、戒壇《かいだん》の三大秘法を整足《せいそく》して明かしている。特に真言を破折し、天台座主《ざす》でありながら真言に転落した慈覚《じかく》（円仁《えんにん》）、智証《ちしょう》（円《えん》珍《ちん》）についてはことに厳しく破している。最後に、三大秘法を流布《るふ》し、一切衆生を救済することが師の大恩を報ずる道であり、「日蓮が慈悲曠大《じひこうだい》ならば南無妙法蓮華経は万年の外《ほか》・未来までもながる《流布》べし、日本国の一切衆生の盲目をひらける功徳《くどく》あり、無間地獄《むけんじごく》の道をふさぎぬ」（三二九頁）との確信を示している。

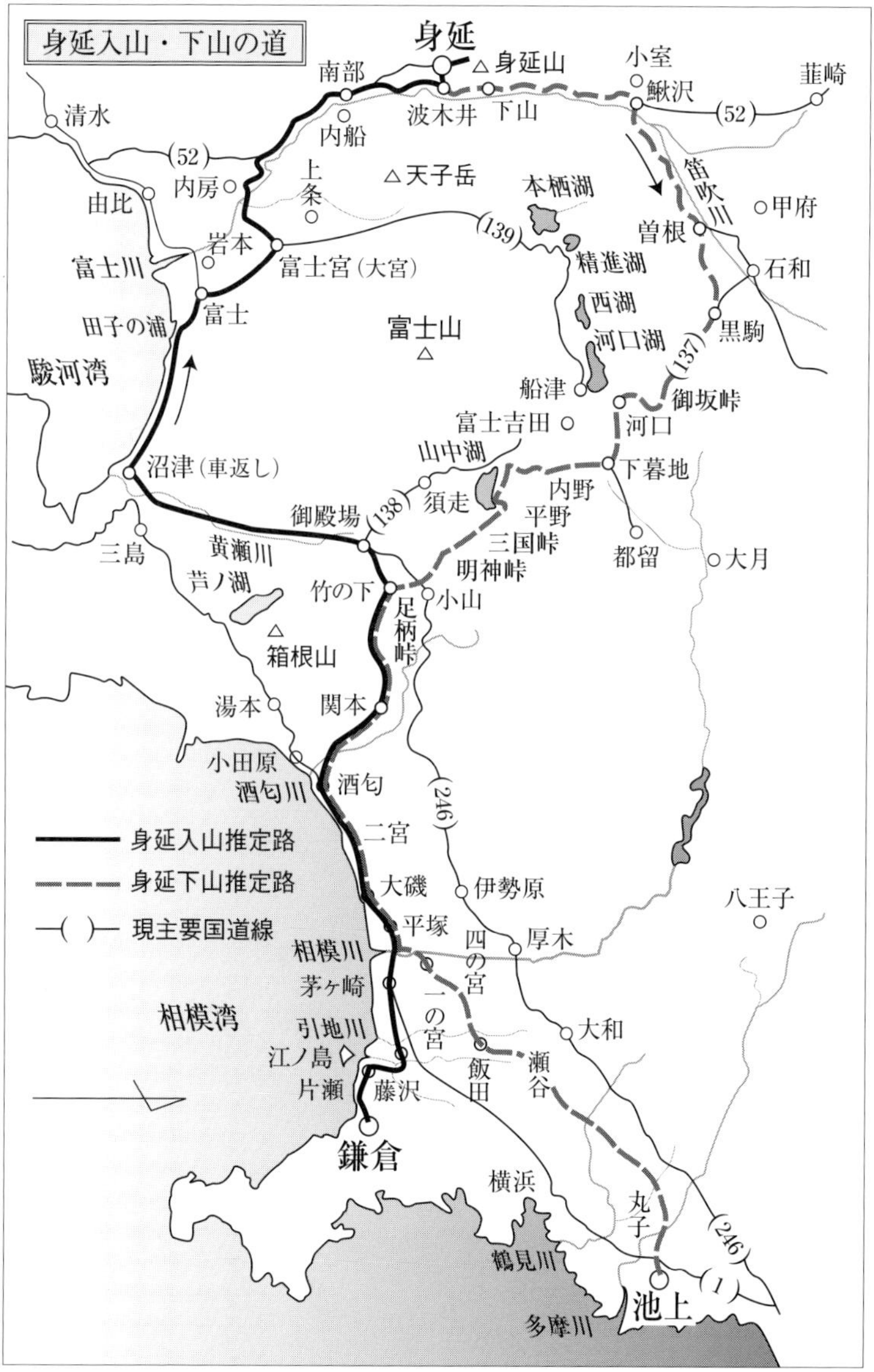

身延入山・下山の道
身延
身延山
南部
波木井
下山
小室
鰍沢
韮崎
(52)
清水
内船
(52)
内房
上条
天子岳
本栖湖
笛吹川
由比
甲府
岩本
(139)
曽根
富士川
富士宮（大宮）
精進湖
石和
西湖
田子の浦
富士
富士山
黒駒
河口湖
(137)
駿河湾
船津
御坂峠
河口
富士吉田
山中湖
沼津（車返し）
下暮地
内野
須走
平野
御殿場
(138)
三国峠
黄瀬川
都留
三島
明神峠
大月
芦ノ湖
竹の下
小山
足柄峠
箱根山
湯本
関本
小田原
酒匂川
酒匂
(246)
身延入山推定路
二宮
身延下山推定路
大磯
伊勢原
八王子
現主要国道線
平塚
相模川
四の宮
厚木
茅ヶ崎
一の宮
相模湾
引地川
大和
江ノ島
飯田
瀬谷
片瀬
藤沢
鎌倉
横浜
丸子
(246)
鶴見川
(1)
池上
多摩川

1277 建治《けんじ》三年（丁丑《ひのとうし》）

日蓮大聖人事績

大聖人―五十六歳（数え年）

3月　「法華初心成仏抄《ほっけしょしんじょうぶつしょう》」（五四四頁）を著《あらわ》す（執筆年に異説あり詳細不明）

4・10　「**四信五品抄《ししんごほんしょう》**」（三三八頁）を著す

5・15　南条時光《なんじょうときみつ》に書（「上野殿御返事」〈梵帝御計事〉一五三七頁）を送り、退転者の過《あやま》ちを指摘

6・3　阿仏房《あぶつぼう》に書（「阿仏房御返事」一三一七頁）を送る

（6・9　**桑ケ谷問答《くわがやつもんどう》**　三位房《さんみぼう》が竜象房《りゅうぞうぼう》と法論し、四条金吾《しじょうきんご》これに随行する　一一五三頁）

6月　**因幡房日永《いなばぼうにちえい》**の帰依《きえ》を咎《とが》めた下山兵庫光基《しもやまひょうごみつもと》に宛て「**下山御消息《ごしょうそく》**」（三四三頁）を著し、本人に代わって弁明する

（6・23　四条金吾に主君・**江間《えま》氏**から下文《くだしぶみ》が

社会の動き

春より　疫病《えきびょう》流行（一三八九頁）

2・7　幕府政所《まんどころ》の下部機関・公文所《くもんじょ》焼ける

5月　連署《れんしょ》・**北条義政《よしまさ》**遁世《とんせい》（一〇九一頁）

	出る　一一五三頁）
6・25	桑ヶ谷問答で生じた主君・江間氏の怒りに対して、四条金吾に代わって「**頼基陳状**《よりもとちんじょう》」（一一五三頁）を著す
7月	四条金吾に書（「四条金吾殿御返事」〈不可惜所領事〉一一六三頁）を送る
7・13	治部房祖母《じぶぼうそぼ》に書（「盂蘭盆《うらぼん》御書」一四二七頁）を送る（弘安《こうあん》二年説があり有力）
8・4	念仏者との法論に臨《のぞ》む弥三郎《やさぶろう》に書（「弥三郎殿御返事」一四四九頁）を送る
8・23	日女《にちにょ》に書（「日女御前《ごぜん》御返事」一二四三頁）を送る
9・11	四条金吾に書（「崇峻天皇《すしゅんてんのう》御書」〈三種財宝御書〉一一七〇頁）を送る
9・20	岩本実相寺《いわもとじっそうじ》の日仲《にっちゅう》に書（「石本《いわもと》日仲聖人《しょうにん》御返事」一四五四頁）を送る。その中で真言師らが法論を画策《かくさく》していることに言及《げんきゅう》（建治元年説あり）

7・14	後深草《ごふかくさ》上皇御所焼ける
7・15	**亀山《かめやま》上皇御所焼亡**

	（11月　池上宗仲《むねなか》、再び勘当《かんどう》される）	元《げん》軍、現ミャンマーのパガン王朝に侵攻する
11・20	池上（弟）に書（「兵衛志殿御返事《ひょうえのさかんどのごへんじ》」〈三障四魔事〉一〇九〇頁）を送る（本書188頁参照）	12・6　朝廷《ちょうてい》、法勝寺《ほっしょうじ》に疫病鎮静《えきびょうちんせい》の祈願《きがん》を命じる
	この頃、**庵室《あんしつ》**が大破し修復する（一五四二頁）	
12・30	「下痢《くだりはら》」をわずらう（一一七九頁）	
	この年、**四条金吾《しじょうきんご》に度々書を送る**（「四条金吾殿御返事」一一五〇頁・一一六五頁・一一七〇頁）	

日蓮大聖人事績

＊桑ケ谷問答《くわがやつもんどう》――鎌倉大仏の門の西にあった桑ケ谷で、京都から下向《げこう》してきた竜象房《りゅうぞうぼう》と、日蓮大聖人門下の三位房《さんみぼう》の間で行われた問答（四条金吾《しじょうきんご》が同行）。建治《けんじ》三年六月九日の事件で、これがきっかけで四条金吾は主君・江間《えま》氏から処分を受ける。四条金吾が竜象房の法話を刀を振るってかき乱したとの讒言《ざんげん》を真《ま》に受けた江間氏は六月二十三日付で、日蓮の仏法をやめるという起請文《きしょうもん》を書け、そうしなければ二カ所の所領を没収するという命令を下した。

四条金吾は、絶対に信心を貫く決意を込めて、このことを間髪《かんはつ》を入れず大聖人に報告した。これに対して、大聖人が四条金吾に代わって記した書状が「頼基陳状《よりもとちんじょう》」である。

＊因幡房日永《いなばぼうにちえい》――身延《みのぶ》で日蓮大聖人の説法を聞き、弟子となる。それまで父親（一説には主人）の念仏信仰に従っていたが、阿弥陀経読誦《どくじゅ》をやめ法華経読誦に切り替えたため迫害を受けた。そこで大聖人は日永に代わって「下山御消息《しもやまごしょうそく》」を執筆した。弘安《こうあん》二年十一月には日興《にっこう》上人の取り次ぎで御本尊を与えられている。のち日興上人から離れ、晩年は不明。

＊江間《えま》氏――四条金吾の主君で、北条親時《ちかとき》のこととされる。祖父は三代執権《しっけん》・北条泰時《やすとき》の弟・朝時《ともとき》で、父は光時《みつとき》。この時、江間氏の家系は北条氏の中では執権・連署《れんしょ》を輩出していないばかりか、父・光時は伊豆《いず》に流され、文永《ぶんえい》九年の二月騒動で親時の叔父・時章《ときあきら》や教時《のりとき》が誅《ちゅう》されるなど、幕府からは危険視されていた家柄だった。

＊庵室《あんしつ》――文永十一年六月十七日、波木井実長《はきいさねなが》の助成により身延に最初の庵室（「庵室修復書」一五四二頁では、「あじち」と書かれている）が完成したが、つくりが粗末《そまつ》で早くも三年後には崩れ倒れてしまい、この年（建治三年）修復している。弘安四年十一月二十四日には十間四面の大坊として造り直されている。

＊四条金吾への激励・指導――桑ケ谷での竜象房との法論を契機《けいき》に讒奏《ざんそう》された四条金吾は、

主君の江間《えま》氏から、法華経の信仰を捨てる起請文《きしょうもん》を書けとの詰問《きつもん》状を受け、窮地に陥《おちい》った。それに対し日蓮大聖人は、この年、たびかさなる激励・指導をする。金吾《きんご》は、たとえ所領を没収されても起請文は書かぬとの決意を大聖人に報告、大聖人はその信心を誉められると同時に、身辺に細心の注意を払うよう指導している（「四条金吾殿御返事」一一六五頁）。そして、この留難《るなん》を乗り越えるには南無妙法蓮華経しかないことを教示する（「四条金吾殿御返事」一一七〇頁）。

九月に入って主君が病《やまい》に倒れ、竜象房《りゅうぞうぼう》は病死し、四条金吾を主君に讒言《ざんげん》した人々も病におかされたため、医術の心得のある四条金吾は再び主君に用いられるようになった。事態は好転の兆《きざ》しを見せたが、金吾の短気な性格を心配して、周囲の者の妬《ねた》みを買うようなことのないように、また、身に誤りのないように注意を喚起《かんき》している（「崇峻《すしゅん》天皇御書」一一七〇頁）。このような指導を守り、信心を貫いた金吾は、翌建治《けんじ》四年になって主君の勘当《かんどう》を許され、弘安《こうあん》元年には所領も返還され、さらに三倍の所領を与えられたのである。

●社会の動き

＊**北条義政《よしまさ》**――生没《せいぼつ》年代は一二四二～八一年。父は極楽寺重時《ごくらくじしげとき》、兄は六代執権《しっけん》・長時《ながとき》。文永《ぶんえい》十年に執権・時宗《ときむね》のもとで連署《れんしょ》になる。建治三年、突然連署をやめ出家。表向きは病気を

理由にしているが、この時所領を没収されており、罷免《ひめん》された可能性もある。「四条金吾殿御返事」には「武蔵のかう殿《守》（北条義政）・両所（二カ所の所領）をすてて入道になり結句は多くの所領・男女のきうだち《公達》御ぜん等をすてて御遁世《ごとんせい》と承《うけたま》わる」（一一六三頁）と述べられている。

＊亀山《かめやま》上皇——第九十代天皇。生没年代は一二四九～一三〇五年。文永十一年に子の後宇多《ごうだ》天皇に譲位《じょうい》し、上皇となって院政《いんせい》を開始する。朝廷《ちょうてい》にも評定衆《ひょうじょうしゅう》制度を取り入れて院政を強化すると、幕府から危険視され、兄の後深草《ごふかくさ》上皇（第八十九代天皇）の子・久明親王《ひさあきしんのう》が幕府の第八代将軍になったこともあって、苦しい立場に追い込まれる。この亀山系と後深草系の対立がのちの朝廷分裂（南北朝時代）につながっていく。

●御書

【四信五品抄《ししんごほんしょう》】

建治三年（一二七七年）四月十日、日蓮大聖人五十六歳の時、身延《みのぶ》で述作したとされ、富木常忍《ときじょうにん》に与えた書。御書十大部の一つ。末法《まっぽう》の法華経の行者は、その位が四信五品（信心の四段階と五種の修行）のうち一念信解《いちねんしんげ》・初随喜《しょずいき》の名字即《みょうじそく》の位であると明かすとともに、その修行は南無妙法蓮華経の信受・唱題であり、それが成仏の直道《じきどう》であることなどが述べられている。本抄の真筆《しんぴつ》には富木常忍《ときじょうにん》の筆で「末代法華行者位並用心事《まつだいほっけぎょうじゃのくらいならびにようじんのこと》」と記されている。

【下山御消息《しもやまごしょうそく》】

建治《けんじ》三年（一二七七年）、日蓮大聖人が五十六歳の時、身延《みのぶ》で述作した書。十大部の一つ。弟子・因幡房日永《いなばぼうにちえい》に代わり、甲斐国《かいのくに》（山梨県）下山《しもやま》の地頭《じとう》・下山兵庫五郎光基《ひょうごごろうみつもと》に送られた陳状《ちんじょう》。日永の信仰を念仏を信ずる父親（一説には主君）・下山殿が妨害したため、大聖人が日永に代わって光基を諫暁《かんぎょう》した書。律・念仏・真言・禅等の誤りを指摘、さらに天台宗が密教化するに及んで一国謗法《ほうぼう》となり、国が乱れたことを述べるとともに、僧俗の謗法罪を明らかにし、念仏無間地獄《むけんじごく》の義を強調し、正法への帰依《きえ》を促《うなが》している。

【頼基陳状《よりもとちんじょう》】

建治三年（一二七七年）六月二十五日、日蓮大聖人が五十六歳の時、同月の桑ケ谷《くわがやつ》問答をきっかけに起こった、四条金吾頼基《しじょうきんご》に対する主君・江間《えま》氏の怒りを解くため、頼基に代わってその冤罪《えんざい》を晴らすための陳状。法論の実情を述べるとともに、良観《りょうかん》と竜象房《りゅうぞうぼう》の行状を厳しく批判し、江間氏の二人に対する見解の誤りをただしている。真実の主従関係を示し、主君の不義をただす頼基が忠臣であると述べ、さらに、真言・禅・念仏・律宗を破折し、重ねて事件の真相究明を請《こ》うて結んでいる。

真言破折《しんごんはしゃく》

日蓮大聖人は「四箇格言《しかのかくげん》」に代表される簡明《かんめい》な諸宗破折で知られるが、批判の中心的対象となる宗派はそのときどきによって異なっている。「守護国家論《しゅごこっかろん》」や「立正安国論《りっしょうあんこくろん》」が念仏批判をおもな目的として書かれているように、初期の著作では法然《ほうねん》の専修《せんじゅ》念仏や禅が主要な排撃《はいげき》の対象であった。それに対し真言や律に対する批判は、佐渡流罪《るざい》以降になって高揚《こうよう》した。

大聖人の真言破折は、はじめはもっぱらその教理的な側面に向けられていた。やがて「真言亡国《ぼうこく》」という言葉に端的《たんてき》に示されるように、その祈禱《きとう》が亡国をもたらすという点が強調されるようになった。また、その批判の対象も、当初は空海《くうかい》（弘法《こうぼう》）の真言密教（東密《とうみつ》）に限定されていたものが、しだいに円仁《えんにん》（慈覚《じかく》）・円珍《えんちん》（智証《ちしょう》）らによって体系化された天台宗の密教（台密《たいみつ》）をも含むようになった。

日蓮大聖人が真言破折を強化する背景には、蒙古《もうこ》襲来に対する危機感の高まりと、それを防ぐために朝廷《ちょうてい》や幕府が実施した大々的な真言の祈禱があった。忍性《にんしょう》（良観）らが行った悪法たる真言による祈禱は、大聖人にとっては安国どころか、まさしく亡国へ向けての自殺行為以外のなにものでもなかった。かくして、目前に迫《せま》った亡国回避《かいひ》のために、真言批判を当面の最重要課題と捉《とら》えた大聖人は、真言破折の声を一段と高めていくのである。

1278　弘安《こうあん》元年（戊寅《つちのえとら》）2・29改元〈建治《けんじ》四年〉

日蓮大聖人事績

大聖人―五十七歳（数え年）

1・1　日興上人《にっこうしょうにん》が、大聖人の法華経講義をまとめた「御義口伝《おんぎくでん》」（七〇一頁）が完成する（1月　四十九院《しじゅうくいん》在住の日興等、住坊・田畑を奪いとられ、同寺を追放される）

1・16　実相寺《じっそうじ》の豊前房《ぶぜんぼう》へ書（「実相寺御書」一四五二頁）を送る（この頃までに池上宗仲《むねなか》への父の勘当《かんどう》、四条《しじょう》金吾《きんご》への主君の勘気《かんき》が解《と》ける　一一七五頁）

1・25　四条金吾に書（「四条金吾御書」一一七五頁）を送る（2月　熱原《あつはら》の神四郎《じんしろう》・弥五郎《やごろう》・弥六郎《やろくろう》が入信する）

社会の動き

2月まで疫病《えきびょう》流行（一三八九頁）

2・23	三沢小次郎《みさわこじろう》に書（「三沢抄」一四八七頁）を送る
2・25	南条時光《なんじょうときみつ》に書（「上野殿御返事」一五四四頁）を送る
3月	日興ら四十九院の供僧《ぐそう》四名、「**四十九院申状《もうしじょう》**」（八四八頁）を幕府に提出し、同院の寺務《じむ》（寺の運営に当たる僧）・厳誉《ごんよ》の不当を訴える
3・19	門弟に法華経の講を始める（八〇四頁）
3・19	公場対決の使者が到来（一二八四頁）
3・21	公場対決の書状が到来（一二八四頁）
	鎌倉の門下に書（「諸人《しょにん》御返事」一二八四頁）を送る
4月	この頃、三たび流罪《るざい》のうわさが立つ（一二九五頁）
4・11	「檀越某《だんおつぼう》御返事」（一二九四頁）を著《あらわ》す
4・23	大田乗明《おおたじょうみょう》に書（「太田左衛門尉《さえもんのじょう》御返事」一〇一四頁）を送る
5・3	窪尼《くぼのあま》に書（「窪尼御前《ごぜん》御返事」一四七八頁）を送

	る（弘安《こうあん》三年説もあり。本書211頁参照）	
6・3	「下痢《くだりはら》」が悪化する（一一七九頁）	
6・25	日女《にちにょ》に書（「日女御前《ごぜん》御返事」一二四五頁）を送る この頃、四条金吾《しじょうきんご》の薬で「下痢」が小康《しょうこう》をたもつ（一〇九七頁）	
6・26	池上（弟）に書（「兵衛志殿《ひょうえのさかんどの》御返事」一〇九七頁）を送る	
6・26	四条金吾に治療《ちりょう》を感謝して書（「中務左衛門尉殿《なかつかささえもんのじょう》御返事」一一七八頁）を送る	
6・26	富木常忍《ときじょうにん》に書（「治病大小権実違目《じびょうだいしょうごんじついもく》」九九五頁）を送る（弘安五年説あり。本書188頁参照）	7・24 蘭渓道隆《らんけいどうりゅう》没する（66歳）（一二二九頁）
7・27	佐渡《さど》の阿仏房《あぶつぼう》が身延《みのぶ》を訪《おとず》れる（一三一四頁）	
7・28	千日尼《せんにちあま》に返礼の書（「千日尼御前《ごぜん》御返事」一三〇九頁）を書く	7月より　大飢饉《ききん》
9月	「本尊問答抄《ほんぞんもんどうしょう》」（三六五頁）を著《あらわ》す	

10月	四条金吾に書（「四条金吾殿御返事」一一八三頁）を送る	
閏《うるう》10・19	千日尼に書（「千日尼御前御返事」〈雷門鼓御書〉一三一五頁）を送る	閏《うるう》10・13　内裏《だいり》焼亡
閏10・22	四条金吾に書（「四条金吾殿御返事」〈石虎将軍御書〉一一八五頁）を送る	

日蓮大聖人事績

＊阿仏房《あぶつぼう》――生没《せいぼつ》年代は一一八九～一二七九年。俗名は遠藤為盛《ためもり》といい、朝廷《ちょうてい》警護の北面《ほくめん》の武士として順徳《じゅんとく》上皇の佐渡流罪《さどるざい》に伴って佐渡に来たと言われているが定かではない。佐渡に流罪された日蓮大聖人に妻の千日尼《せんにちあま》とともに師事し、外護《げご》の任を全《まっと》うした。大聖人が赦《しゃ》免《めん》され身延《みのぶ》に入山すると、老身ながら文永《ぶんえい》十一年、建治《けんじ》元年、そしてこの年（弘安《こうあん》元年）と三度も大聖人を身延に訪《たず》ねている。三度目の時は実に九十歳という高齢であった。翌年死去し、子の藤九郎守綱《とうくろうもりつな》は阿仏房の遺骨を首に懸けて身延へ行き、墓を築き納骨《のうこつ》している。

【四十九院申状《しじゅうくいんもうしじょう》】

弘安《こうあん》元年（一二七八年）三月、駿河《するが》国（静岡県）蒲原《かんばら》庄にあった四十九院の供僧《ぐそう》の日持《にちじ》・承賢《しょうけん》らが、日蓮大聖人の仏法を謗《そし》られ、住坊や田畑を奪われて追放されたことを、鎌倉幕府へ訴え出た訴状《そじょう》。四十九院を中心に富士地方に弘教を進めていた日興《にっこう》上人ら四人は、同院の寺務《じむ》・厳誉《ごんよ》の横暴非道を責め、仏法の正義を明らかにして公場対決を求めるため、本抄を幕府に提出した。

【本尊問答抄《ほんぞんもんどうしょう》】

弘安元年（一二七八年）九月、日蓮大聖人が五十七歳の時、身延《みのぶ》から安房《あわ》・清澄寺《せいちょうじ》の浄顕房《じょうけんぼう》に与えられた書。御書十大部の一つ。浄顕房の本尊についての疑問について問答形式で答えられたもの。末代悪世の凡夫が本尊とすべきものは法華経の題目であることを経釈を引いて明かし、諸宗、真言宗の本尊を破折《はしゃく》して

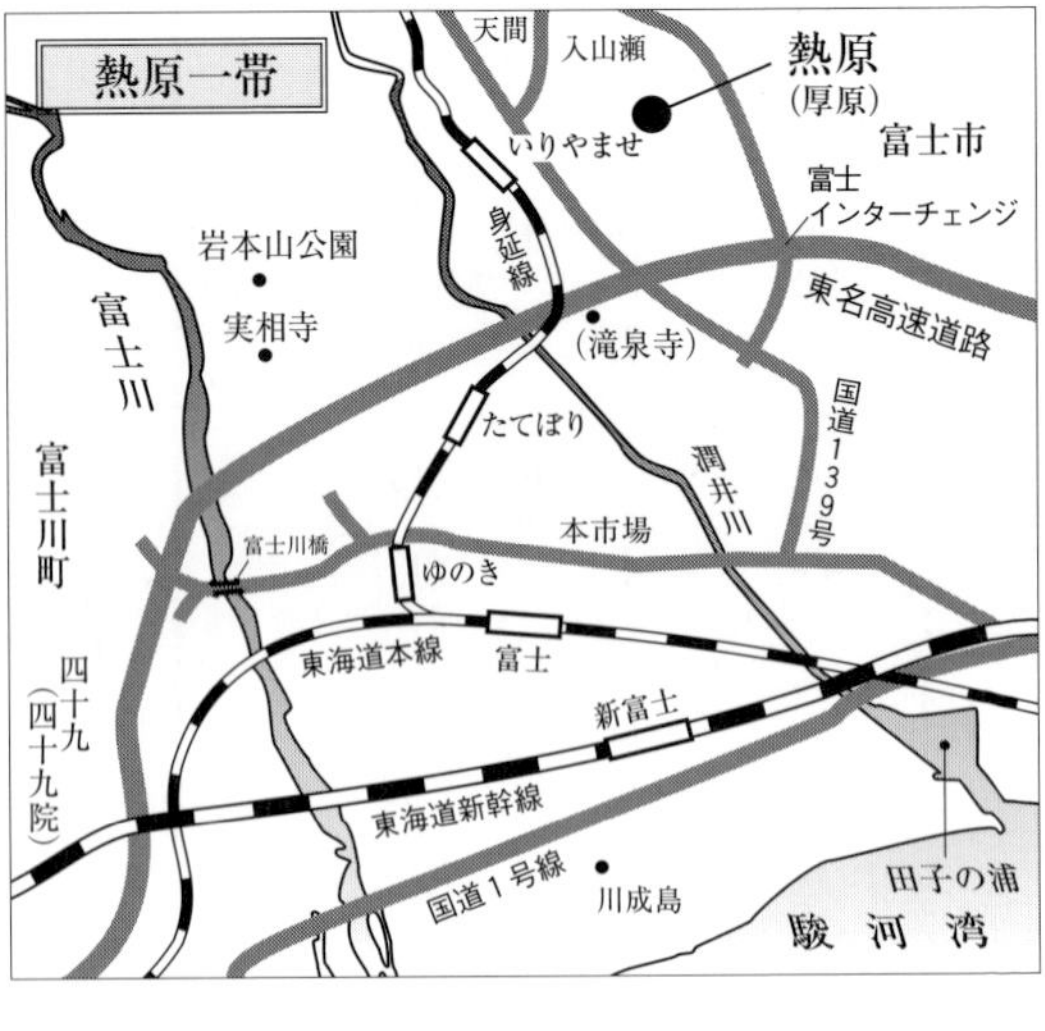

いる。さらに承久《じょうきゅう》の乱等の例を挙《あ》げて真言亡国《ぼうこく》の現証を述べ、蒙古《もうこ》の来襲《らいしゅう》を真言によって調伏《ちょうぶく》する非を警告。妙法五字の本尊の未曾有《みぞう》なることを述べ、法華経の題目こそ末法《まっぽう》弘通《ぐつう》の本尊であることを確認している。

「窪尼御前《くぼのあまごぜん》御返事（虚御教書事《そらみぎょうしょじ》）」の執筆年

本抄は弘安《こうあん》元年（一二八〇年）五月三日の執筆とされるが、真筆《しんぴつ》には日付の部分はなく、また日興《にっこう》上人の写本にも月日の記載はあるものの年の記載はなく、弘安三年説がある。

本抄では「あつわら《熱原》の事こんど《今度》をもつて・をぼしめせ・さきもそら《虚》事なり……これはそらみげう《虚御教》そ《書》と申す事はみぬ《見》さきよりすい《推》して候、さど《佐渡》の国にてもそらみげうそを三度までつくりて候しぞ」（一四七八頁）とある。この「こんど」とは今度の「そらみげうそ」であるが、その内容が「さき」と同じく大聖人の流罪《るざい》・死罪に関わるものとすると、「檀越某御返事《だんおつぼう》」に三たび流罪のうわさが立ったこと（一二九五頁）と関連づけて考えられる。そこから弘安元年の御執筆とされている。

これに対して、「こんど」の「そらみげうそ」が熱原の法難の際に偽の御教書を用いて弾圧が行われたこととすると、偽であると露呈したこと、またその御教書が偽であることを日蓮大聖人が事前に見抜いていたことを示されたものと拝することができる。熱原の法難は弘安二年に弾圧の頂点となっており、その後の翌弘安三年御執筆と見なすのが妥当とされる。

1279 弘安《こうあん》二年（己卯《つちのとう》）

日蓮大聖人事績

大聖人──五十八歳（数え年）

（3・21 阿仏房《あぶつぼう》が死去する 一三二〇頁）

4・20 南条時光《なんじょうときみつ》に書（「上野殿御返事」〈刀杖難事〉一五五五頁）を送る

（4月 **滝泉寺院主代行智**《りゅうせんじいんしゅだいぎょうち》、富士郡下方《しもかた》の政所《まんどころ》代と結託《けったく》し、熱原浅間《あつはらせんげん》神社神事の流鏑馬《やぶさめ》の最中に信徒・四郎《しろう》に刃傷《にんじょう》を負わせる 八五三頁）

5・17 富木常忍《ときじょうにん》に書（「四菩薩造立抄《しぼさつぞうりゅうしょう》」九八七頁）を送る

（7・2 阿仏房の子藤九郎守綱《とうくろうもりつな》、父の遺骨《いこつ》を身延《みのぶ》に納《おさ》める 一三三二頁）

8・17 曾谷教信《そやきょうしん》の子曾谷道宗《どうそう》に書（「曾谷殿御返事」〈輪陀王《りんだおう》御書〉一〇五九頁）を送る

（8月 行智ら、信徒・弥四郎《やしろう》の頸《くび》を切る 八

社会の動き

2・6 元《げん》軍、旧南宋《なんそう》の抵抗勢力を広《こう》州《しゅう》湾で撃破（厓山《がいざん》の戦い）。幼帝（衛王《えいおう》・趙昺《ちょうへい》）が入水《じゅすい》し、南宋、完全に滅亡

6月 **無学祖元**《むがくそげん》、来日

8月 幕府が元使・周福《しゅうふく》らを博多《はかた》で斬首《ざんしゅ》する

	五三頁）
9・16	寂日房日家《じゃくにちぼうにっけ》に書（「寂日房御書」九〇二頁）を送る （9・21　行智が日秀《にっしゅう》らを刈田狼籍《かりたろうぜき》の咎《とが》で幕府に訴《うった》え、信徒の農民20名が逮捕《たいほ》され鎌倉へ連行される）〔**熱原法難**〕 （大進房《だいしんぼう》、落馬し悶死《もんし》する　一一九〇頁）
10・1	「聖人御難事《しょうにんごなんじ》」（一一八九頁）を著《あらわ》し、「**出世の本懐**《しゅっせのほんかい》」の達成を示唆する
10・12	日興上人《にっこう》らに書（「伯耆殿等御返事《ほうきどのとう》」一四五六頁）を送る
10月	日秀らに代わって幕府に提出する申状《もうしじょう》（「滝泉寺申状《りゅうせんじもうしじょう》」八四九頁）を起草《きそう》し、行智の不法を指摘する （10月　神四郎《じんしろう》・弥五郎《やごろう》・弥六郎《やろくろう》ら、平頼綱《たいらのよりつな》親子によって斬首の刑に処せられ、十七名は禁獄される〈時期に異説あり〉）

10・17	日興《にっこう》上人に書（「聖人等《しょうにんとう》御返事」一四五五頁）を送る
10・23	四条金吾《しじょうきんご》に書（「四条金吾殿御返事」〈法華経兵法事〉一一九二頁）を送る
10月	「三世諸仏総勘文教相廃立《さんぜしょぶつそうかんもんきょうそうはいりゅう》」（五五八頁）を著《あらわ》す
11・6	南条時光《なんじょうときみつ》に書（「上野殿御返事」〈竜門御書〉一五六〇頁）を送り、「上野賢人《けんじん》」と讃《たた》える
12・27	**続拾遺和歌集《ぞくしゅういわかしゅう》**なる

日蓮大聖人事績

●**滝泉寺院主代行智《りゅうせんじいんしゅだいぎょうち》**――幕府の武士で平左近《へいのさこん》入道行智といい、天台宗寺院滝泉寺の実権を握っていた人物。熱原《あつはら》の法難の元凶《げんきょう》。滝泉寺にいた日秀《にっしゅう》・日弁《にちべん》が日蓮大聖人に師事《しじ》し法華信仰に立っていたのを迫害、念仏を強要したが従わないのでその住坊を取り上げた。さらに日蓮門下の檀越《だんおつ》にも迫害を加え、八月には弥四郎《やしろう》を殺し、九月には信徒が狼藉《ろうぜき》を働き米を奪い取ったとでっちあげて訴《うった》え、これがもとで熱原の農民二十名が逮捕《たいほ》され鎌倉に送られた。この時、農民信徒を裁《さば》いたのが平左衛門尉頼綱《へいのさえもんのじょうよりつな》であった。行智の訴えに対し日蓮大聖人は日秀・日弁に代わって「滝泉寺申状《もうしじょう》」（八四九頁）を記している。正確には申状（訴状）ではなく陳状《ちんじょう》（訴状に対する弁明状）というべきである。「滝泉寺申状」は、全十一紙からなり、約八紙は大聖人、残りは日興上人《にっこう》によって書かれた真蹟《しんせき》が現存している。

＊**日秀《にっしゅう》**――仮名《けみょう》は下野房《しもつけぼう》、実名（法名）は日秀。日興上人を通して日蓮大聖人の弟子となった。越後房日弁《えちごぼうにちべん》とともに滝泉寺の住僧であったが、院主代行智に弾圧され、熱原の法難の渦中《かちゅう》、大聖人の指示で一時富木常忍《ときじょうにん》のもとに避難《ひなん》した。のち大聖人の墓輪番《はかりんばん》の六月の担当となり、日興上人に師事し、日興本六（永仁六年〈一二九八年〉に定めた六人の弟子）の一人に選ばれている。

＊**熱原法難**――建治《けんじ》年間から駿河《するが》国富士郡方面には、主に日興上人の活躍によって日蓮大聖人の教えが広まっていった。その中で熱原の滝泉寺院主代・行智等が策謀《さくぼう》をめぐらし、日蓮門下を迫害してきた。弘安《こうあん》二年九月二十一日、熱原の農民信徒が米略奪《りゃくだつ》のぬれぎぬを着せられて逮捕され、鎌倉に送還される事件が起こった。農民信徒を処断したのは行智と通じる侍所《さむらいどころ》の所司《しょし》（次官、長官は別当《べっとう》といい執権《しっけん》・北条時宗《ときむね》が兼任）・平左衛門尉頼綱で、苛酷《かこく》な拷問《ごうもん》で信徒を責め、ついに神四郎《じんしろう》ら三兄弟が殉教《じゅんきょう》する。これを熱原の法難という。

＊**出世《しゅっせ》の本懐《ほんかい》**――出世の本懐とは、仏・聖人がこの世に出現した究極の目的のこと。日蓮大

聖人は弘安《こうあん》二年十月一日に「聖人御難事《しょうにんごなんじ》」（一一八九頁）を著《あらわ》し、釈尊は出世《しゅっせ》の本懐《ほんかい》である「法華経」を成道後四十余年にして説き、天台大師は三十余年にして「摩訶止観《まかしかん》」を著し、伝教大師は二十余年にして大乗戒壇建立《かいだんこんりゅう》を実現させたことを述べている。そして、万人成仏《ばんにんじょうぶつ》の誓願成就《せいがんじょうじゅ》を大目的とした大聖人は「余《よ》は二十七年なり」と記し、建長《けんちょう》五年の立教開宗から二十七年目の弘安二年に出世の本懐を達成したことを示唆《しさ》している。

三大秘法を確立した日蓮大聖人は、弘安二年九月に捕《と》らえられた熱原《あつはら》の農民信徒が激しい弾圧にも屈せず信仰を貫く姿を通して、庶民層へも大聖人の仏法が広がりを見せ、広宣流布の基盤が確立しつつあることを強く感じた。万人成仏の根本法である三大秘法の南無妙法蓮華経を受持し、不惜身命《ふしゃくしんみょう》の実践で広宣流布する民衆の出現をもって、大聖人の民衆仏法は現実のものとなり、出世の本懐を遂《と》げたのである。

社会の動き

***無学祖元《むがくそげん》**——生没《せいぼつ》年代は一二二六〜八六年。宋《そう》から渡来《とらい》した臨済宗《りんざいしゅう》の僧。最初、建長寺《けんちょうじ》に住し、弘安五年に北条時宗《ときむね》が創建した円覚寺《えんがくじ》の開山になった。

***続拾遺和歌集《ぞくしゅういわかしゅう》**——第十二番目の勅撰和歌集《ちょくせんわかしゅう》。亀山院《かめやまいん》の院宣《いんぜん》をうけて、藤原為氏《ふじわらのためうじ》が撰《えら》んだ。千四百五十九首を収める。主要な作者に、藤原為家《ためいえ》・後嵯峨院《ごさがいん》・藤原定家《さだいえ(ていか)》らがいる。

熱原法難《あつはらほうなん》の意義

一二七九年、駿河《するが》国（静岡県）富士《ふじ》郡に起こった日蓮大聖人門徒への弾圧事件（熱原の法難）は、一宗の問題を超えた、より大きな歴史的意義をもつものだった。一般的にいって、前近代において人口の圧倒的な割合を占める農民階層が、自らの自由と地位向上を求めて自主的な戦いを開始するのは、惣《そう》とよばれる共同体が広く結成されるようになる戦国時代のことであると考えられている。ところが、富士郡の熱原ではすでに鎌倉時代の段階で、当時の後進地域であるにもかかわらず、大聖人の信仰を紐帯《ちゅうたい》として武士や農民といった多様な階層を包摂《ほうせつ》する水平的な共同体が形成されていたのである。

熱原の門徒はその身分や階層の違いにもかかわらず同じ信仰を持《たも》ち、同じ本尊を下付《かふ》されていた。そして、信仰による団結を支えとして、当時鎌倉幕府における最高の権力者であった平頼綱《よりつな》に対して、信仰の面では一歩も譲ることなく、命をかけてその精神の自由を守り抜くのである。

大聖人は法難直後に著《あらわ》した「聖人御難事《しょうにんごなんじ》」（一一八九頁）で、自らの信仰が立教開宗から二十七年を経たこの時にいたって、完成にいたったことを宣言している。名もなき熱原の農民たちの命を賭《と》した実践を目《ま》のあたりにして、大聖人は出世《しゅっせ》の本懐《ほんかい》を自覚したのである。

1280　弘安《こうあん》三年（庚辰《かのえたつ》）

日蓮大聖人事績

大聖人―五十九歳（数え年）

1・11	南条時光《なんじょうときみつ》に書（「上野殿御返事」一五六二頁）を送る
1・27	秋元《あきもと》太郎《たろう》に書（「秋元御書」一〇七一頁）を送る
2月	新池《にいけ》氏に書（「新池御書」一四三九頁）を送る
5・3	窪尼《くぼのあま》に書（「窪尼御前《ごぜん》御返事」一四七八頁）を送り、その中で虚御教書《そらみぎょうしょ》の発覚《はっかく》と熱原《あつはら》の法難について記す（弘安元年説あり。本書211頁参照）
5・18	妙一尼《みょういちあま》に書（「妙一尼御前御返事」一二五五頁）を送る
5・26	富木常忍《ときじょうにん》に書（「諸経《しょきょう》と法華経と難易《なんい》の事《こと》」九九一頁）を送る
5・28	日向《にこう》が大聖人の法華経講義録（「御講聞書《おこうききがき》」八〇七

社会の動き

2・21	朝廷《ちょうてい》、異国降伏《いこくごうぶく》の祈禱《きとう》を諸寺に命じる

	頁）を完成させる （7・1　再び佐渡《さど》より藤九郎守綱《とうくろうもりつな》が来訪《らいほう》し、父・阿仏房《あぶつぼう》の墓に詣《もう》でる　一三三二頁）
7・2	夫・阿仏房を亡くした千日尼《せんにちあま》に書（「千日尼御返事」一三一八頁）を送る 南条時光に書（「上野殿御返事」一五六四頁）を送り、熱原法難の余燼《よじん》での労苦をいたわる
7・14	妙一女《みょういちにょ》に書（「妙一女御返事」一二五五頁）を送る （9・5　南条七郎五郎が没する）
11・25	熱原の日弁《にちべん》、日秀《にっしゅう》を富木常忍のもとへ避難させる
11・29	日厳尼《にちごんあま》に書（「日厳尼御前御返事」一二六二頁）を送る
12・16	四条金吾《しじょうきんご》妻に書（「四条金吾許御文《もとおんふみ》」一一九五頁）を送る
12・18	智妙房《ちみょうぼう》に書（「智妙房御返事」一二八六頁）を送る
12月	「**諫暁八幡抄**《かんぎょうはちまんしょう》」（五七六頁）を著《あらわ》し、八幡大菩薩に

10・28	鎌倉に大火。源頼朝《よりとも》の法華堂、北条義時《よしとき》・時宗《ときむね》等の法華堂が焼失する
11・12	鎌倉火災
11・14	**鶴岡八幡宮**《つるがおかはちまんぐう》**焼亡**（一一八六頁）
12・8	幕府は再度の蒙古襲来《もうこしゅうらい》の報を受け、領内警護を督励《とくれい》する

12・27	法華経の行者の守護を諫暁《かんぎょう》する南条時光《なんじょうときみつ》に書（「上野殿御返事」一五七四頁）を送る

●社会の動き

＊鶴岡八幡宮《つるがおかはちまんぐう》焼亡——幕府の精神的支柱であった鶴岡八幡宮がこの年焼亡。日蓮大聖人は「諫暁《かんぎょう》八幡抄」（五七六頁）を著《あらわ》し、八幡大菩薩像の焼亡は法華経の行者を守護しないばかりか、迫害を加えている者を放置《ほうち》していることが原因であると、八幡大菩薩を諫《いさ》めている。

●御書

【諫暁八幡抄《かんぎょうはちまんしょう》】

弘安《こうあん》三年（一二八〇年）十二月、日蓮大聖人が五十九歳の時、身延《みのぶ》で述作した書。当時、蒙古《もうこ》の再来の緊張が高まる中、鶴岡八幡宮が炎上し、民心が激しく動揺《どうよう》。八幡大菩薩に対して、諸宗を破折《はしゃく》し一切衆生を救っている法華経の行者を守護することを怠《おこた》っていることを戒《いまし》めるとともに、仏法東漸《ぶっぽうとうぜん》の歴史を挙《あ》げて、末法《まっぽう》には太陽の仏法たる大聖人の仏法が西《せい》還《かん》すると述べ、門下に三大秘法の弘通《ぐつう》を勧めている。

日蓮大聖人の弟子《でし》・檀越《だんおつ》の数

日蓮大聖人門下の人数を示す表現が「種種《しゅじゅ》御《お》振舞《ふるまい》御書」に次のように記されている。「日蓮が弟子等を鎌倉に置くべからずとて二百六十余人しる《記》さる」(九一六頁)と。これは鎌倉在住の大聖人の弟子・檀越の数が二百六十人余りいたことを示している。竜《たつ》の口《くち》の法難の後、大聖人が依智《えち》(現在の神奈川県厚木市)にとどめ置かれていた時、鎌倉では不審火が七、八度と起こり、殺人事件も重なったため、これらを日蓮門下の仕業《しわざ》だと讒言《ざんげん》する者がいて、幕府がブラック・リストを作らせたものである。

教団全体としてはどうか。大聖人の御書を与えられた門下名や御本尊に書かれた門下名から調べてみると表のようになる。

この中で、特に在家の檀越百八十九人には、さらにその所従や家人《けにん》も含まれていただろうし、二百五十九人という弟子檀越の合計人数も、今に伝えられる御書と御本尊に記されるだけでの人数なので、実際は具体名を見いだせない門下がさらに大勢いたはずである。

	御書		御本尊		御書・御本尊の両方		計
弟子	58人	+	16人	−	4人	=	70人
檀越	154人	+	44人	−	9人	=	189人
計	212人	+	60人	−	13人	=	259人

1281 弘安《こうあん》四年（辛巳《かのとみ》）

日蓮大聖人事績

大聖人―六十歳（数え年）

1・5 重須殿女房《おもすどのにょうぼう》に書（「十字御書《むしもち》」一四九一頁）を送る

5・26 池上兄弟に書（「八幡宮造営事《はちまんぐうぞうえいじ》」一一〇五頁）を送る

6・16 門下一同に蒙古襲来《もうこしゅうらい》について書（「小蒙古御書」一二八四頁）を送り、他国侵逼難《たこくしんぴつなん》の予言的中を誇らしげに語ることのないよう諫《いさ》める

8・8 光日尼《こうにちあま》に書（「光日上人御返事」九三二頁）を送る

8・22 治部房《じぶぼう》に書（「治部房御返事」一四二五頁）を送る

9・11 南条時光《なんじょうときみつ》に書（「南条殿御返事」一五七八頁）を送る

10・22 富木常忍《ときじょうにん》に書（「富城《とき》入道殿御返事」九九三頁）を送る

社会の動き

4・26 再建していた鶴岡《つるがおか》八幡宮の上《じょう》棟式《とうしき》が行われる

4・28 大風（一一〇七頁）

5・21 元《げん》・高麗《こうらい》軍、対馬《つしま》に侵攻（**弘安《こうあん》の役《えき》**、始まる）

6・20 後宇多《ごうだ》天皇、宸筆《しんぴつ》御書（自筆の書）を天皇陵八陵《りょう》に献じて異《い》国降伏《こくごうぶく》を祈る

閏《うるう》7・1 暴風雨により元・高麗兵船壊滅《かいめつ》する

11・1	身延《みのぶ》に小坊《しょうぼう》・厩《うまや》が完成し、大坊《だいぼう》の建設が始まる（一三七五頁）
11・24	身延の**十間四面《じっけんしめん》の大坊**が完成する（一三七五頁）
11・25	波木井三郎実長《はきいさぶろうさねなが》に書（「地引御書《じびきごしょ》」一三七五頁）を送る
	春より以来病悩《びょうのう》、十二月に入り身延の冬の厳しさに病状悪化する
12・11	池上宗仲《むねなか》に病気見舞の返信（「大夫志殿御返事《たいふのさかんどのごへんじ》」一一〇五頁）を送る
12・27	窪尼《くぼのあま》に書（「窪尼御前《ごぜん》御返事」一四八五頁）を送る

●日蓮大聖人事績

＊十間四面《じっけんしめん》の大坊《だいぼう》――弘安《こうあん》四年（一二八一年）十一月二十四日、身延《みのぶ》の山麓《さんろく》に完成した十間四面の僧坊。はじめこの地には、日蓮大聖人が住む粗末《そまつ》な庵室《あんしつ》があるにすぎなかったが、やがて各地から門下の人々が集まるようになり、波木井実長《はきいさねなが》によってこの僧坊が建立《こんりゅう》される

までになった。ここには数十人の門下が常住し、大聖人の教えを受けて読経・唱題に励んだ。

●社会の動き

＊弘安《こうあん》の役《えき》——弘安四年（一二八一年）五月、日蓮大聖人の予言どおり蒙古《もうこ》の大軍が日本に襲来《しゅうらい》したが、暴風雨のため撤退《てったい》した。大聖人は門下に宛《あ》てて、日本に生まれた者としてこの国難に遭《あ》わねばならないが、日蓮門下は後生《ごしょう》には必ず仏国に生まれるとして、喜びで感涙《かんるい》を抑《おさ》えることができないと書いている（「曾谷二郎《そやじろう》入道殿御返事」一〇六五頁）。また、蒙古軍を撤退させた暴風雨については、それはいつもながらの秋風によるわずかの水にすぎないとして（「富城《とき》入道殿御返事」九九四頁）、一時の安堵《あんど》に浮かれる人々を諌《いさ》めている。

元寇の動き

文永の役	文永11年10月３日	合浦発
	５日	対馬　守護代を殺す
	14日	壱岐　〃
	19日	博多湾上
	20日	上陸開始　夜風雨
	21日	撤退
弘安の役	弘安４年５月３日	東路軍合浦発
	21日	対馬沖
	26日	壱岐に向かう途中暴風 長門を攻める
	６月下旬	江南軍平戸へ
	７月30日	大暴風雨
	閏７月１日	戦闘能力を失って撤退

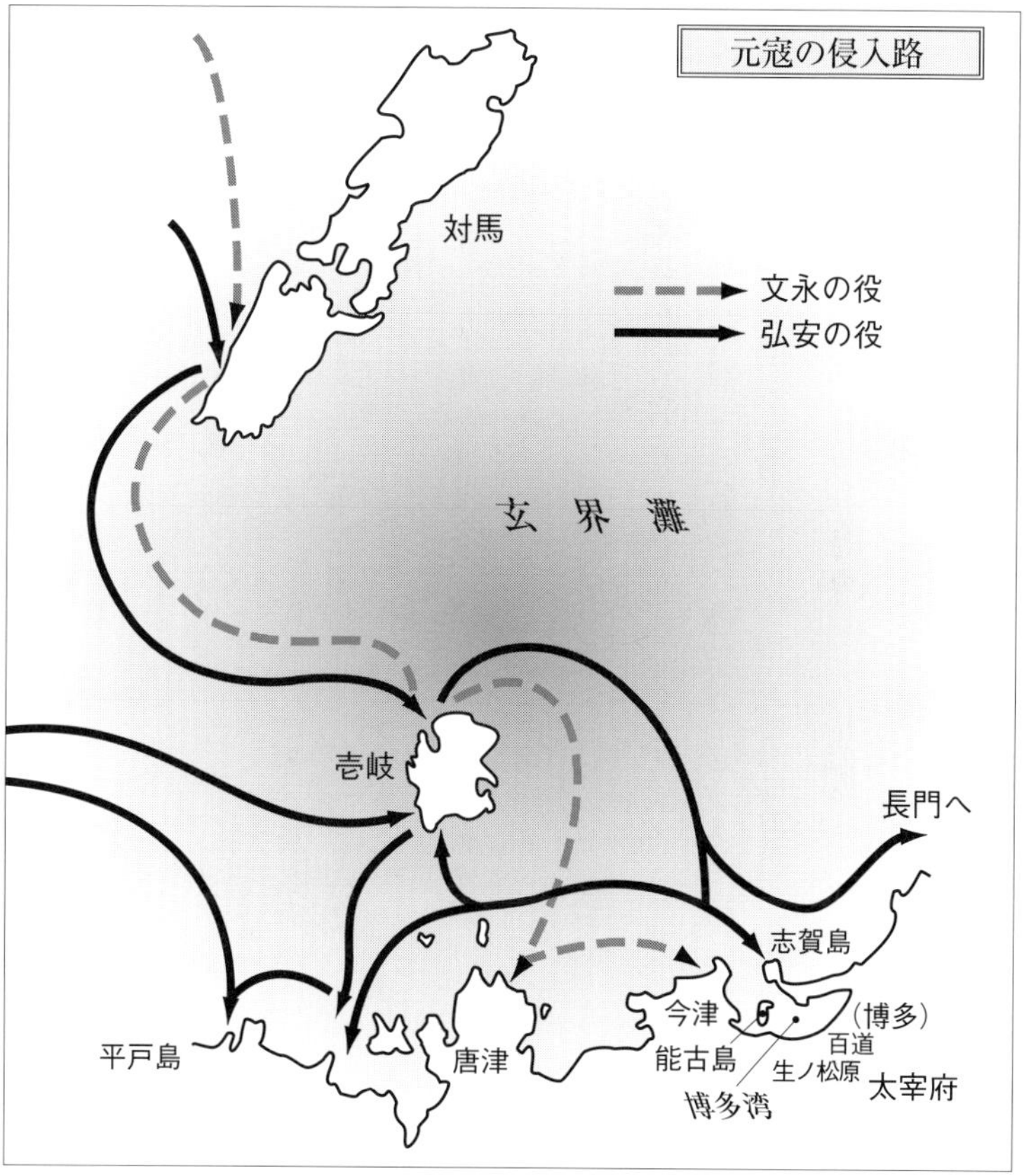

元寇の勢力		文永の役	弘安の役	
			東路軍	江南軍
	蒙漢軍	15,000	15,000	100,000
	高麗軍	6,000	10,000	
	水手《かこ》	6,700	15,000	
	軍船	900	900	3,500

1282 弘安《こうあん》五年（壬午《みずのえうま》）

日蓮大聖人事績

大聖人―六十一歳（数え年）

（南条時光《なんじょうときみつ》、大病）

2・28	南条時光に書（「法華証明抄《ほっけしょうみょうしょう》」一五八六頁）を送り激励 （3・1〜4 南条時光、病床《びょうしょう》の大聖人を見舞う 一五八七頁）
4・8	大田乗明《おおたじょうみょう》に書（「三大秘法稟承事《さんだいひほうほんしょうじ》」一〇二二頁）を送る
6・26	富木常忍《ときじょうにん》に書（「治病大小権実違目《じびょうだいしょうごんじついもく》」九九五頁）を送る（現在は弘安元年とされる。本書188頁参照）
9月	日興《にっこう》に「日蓮一期弘法付嘱書《にちれんいちごぐほうふぞくしょ》」（身延相承書《みのぶそうじょうしょ》 一六〇〇頁）を与える
9・8	身延を下山（本書197頁地図参照）

社会の動き

この年 悪疫《あくえき》流行

元《げん》軍、ベトナム中南部のチャンパー王国へ侵攻

9・18	**武蔵《むさし》国池上**に入る
9・25	池上で「立正安国論《りっしょうあんこくろん》」を講ず
10・8	**本弟子《ほんでし》六人**（日昭《にっしょう》・日朗《にちろう》・日興《にっこう》・日向《にこう》・日頂《にっちょう》・日持《にちじ》）を定める
10・13	日興に「身延山付嘱書《ふぞくしょ》」（池上相承書　一六〇〇頁）を与える 午前8時頃、池上宗仲邸《むねなかてい》にて入滅する（満60歳）
10・14	子《ね》の刻《こく》、葬送《そうそう》 （10・16　日興、「**御遷化記録**《ごせんげきろく》」を著《あらわ》す）
11・26	京都火災
12・8	**円覚寺**《えんがくじ》建立《こんりゅう》（開基・北条時宗《ときむね》）

●**日蓮大聖人事績**

＊武蔵《むさし》国池上——現在の東京都大田《おおた》区池上のことで、当時、この地の地頭《じとう》であったのが日蓮大聖人の門下の池上右衛門大夫《うえもんのたいふ》宗仲《むねなか》である。身延《みのぶ》を後《あと》にした大聖人は、弘安《こうあん》五年（一二八二年）九月十八日に宗仲の館《やかた》に到着した。大聖人は「立正安国論《りっしょうあんこくろん》」の講義をし、弟子の育成に努めたが、同年十月十三日、ここで入滅した。

＊本弟子六人《ほんでしろくにん》――日蓮大聖人が、入滅する直前の弘安《こうあん》五年（一二八二年）十月八日に、後継《こうけい》として定めた六人の弟子のこと。日昭《にっしょう》・日朗《にちろう》・日興《にっこう》・日向《にこう》・日頂《にっちょう》・日持《にちじ》の六人で、六老僧ともいう。その様子を日興上人は、「御遷化《ごせんげ》記録」に記している。日興上人以外の五人は、日蓮大聖人入滅後、天台沙門《しゃもん》と名乗り、また身延《みのぶ》の墓所の輪番《りんばん》も守ることがなかったので、日興上人は五人と訣別《けつべつ》して身延を離山した。

＊御遷化記録《ごせんげきろく》――二度にわたる流罪《るざい》をはじめとする日蓮大聖人の生涯の事績《じせき》や、池上における入滅の前後について、日興上人が弘安五年（一二八二年）十月十六日に記したもの。そこには、十月十三日の日蓮大聖人の入滅直後に地震があったことや、葬送《そうそう》の次第について詳《くわ》しく記されている。正本は西山本門寺（静岡県富士宮市）に現存しており、『富士宗学要集』等に収録されている。

●社会の動き

＊円覚寺《えんがくじ》――開基は北条時宗《ときむね》。開山は宋《そう》の禅僧・無学祖元《むがくそげん》。臨済宗《りんざいしゅう》の有力寺院の一つ（本書146頁地図参照）。

1431 ◇浄蓮房御書……………………183
1439 新池御書………………………218
1445 船守弥三郎許御書……………122・123
1448 椎地四郎殿御書………………122
1449 弥三郎殿御返事………………199
1452 ◇実相寺御書……………………206
1454 石本日仲聖人御返事…………199
1455 ◇聖人等御返事…………………214
1456 ◇伯耆殿等御返事………………213
1458 ◎高橋入道殿御返事……………184
1468 ◎三三蔵祈雨事…………………183
1472 蒙古使御書……………………185・186
1478 ◎窪尼御前御返事………………172・207・**211**・218
1479 ◇妙心尼御前御返事……………184
1485 ◇窪尼御前御返事………………223
1487 ◇三沢抄…………………………168・207
1491 ◎十字御書………………………222
1493 ◎南条兵衛七郎殿御書…………56・119・132
1499 薬王品得意抄…………………136
1504 上野殿後家尼御返事…………177
1507 ◎上野殿御返事…………………177
1512 ◎上野殿御返事…………………184
1514 単衣抄…………………………184
1526 上野殿御消息…………………185
1530 南条殿御返事…………………190
1531 ◎南条殿御返事…………………191
1536 本尊供養御書…………………192
1537 ◎上野殿御返事…………………198
1541 ◎南条殿御返事…………………183
1542 ○庵室修復書……………………177・200・201
1544 ◇上野殿御返事…………………207
1555 上野殿御返事…………………212
1560 ◎上野殿御返事…………………8・137・214
1562 ◎上野殿御返事…………………218
1564 ◎上野殿御返事…………………219
1574 ◇上野殿御返事…………………220
1578 南条殿御返事…………………222
1586 ◎法華証明抄……………………226
1600 身延相承書(総付嘱書)………226
1600 池上相承書(別付嘱書)………227
1601 富士一跡門徒存知の事………187・195
1617 日興遺誡置文…………………75・125

1203 ◎大学三郎殿御書………………183
1206 星名五郎太郎殿御返事………140・141
1212 ◎五人土籠御書…………………155・159
1213 土籠御書…………………………155
1213 ◎日妙聖人御書…………………163
1218 乙御前御消息……………………184
1224 ◎辦殿尼御前御書………………170
1225 ◎辦殿御消息……………………191
1229 弥源太入道殿御消息…………208
1231 ◎さじき女房御返事……………183
1237 妙密上人御消息…………………191
1243 日女御前御返事…………………199
1245 ◎日女御前御返事………………109・208
1252 ◎妙一尼御前御消息……………183
1255 妙一尼御前御返事………………218
1255 妙一女御返事……………………219
1262 日厳尼御前御返事………………219
1265 ◎法門申さるべき様の事………148・**149**
1276 教行証御書………………………182
1284 ◎諸人御返事……………………207
1284 小蒙古御書………………………222
1286 ◎智妙房御返事…………………219
1288 ○武蔵殿御消息…………………112
1294 ◎檀越某御返事…………………207・211
1304 阿仏房御書………………………162
1305 妙法曼陀羅供養事………………171
1307 阿仏房尼御前御返事…………185
1309 ◎千日尼御前御返事……………121・171・208
1315 千日尼御前御返事………………209
1317 阿仏房御返事……………………198
1318 ◎千日尼御返事…………………212・219
1323 ◎国府入道殿御返事……………182・191
1326 ◎一谷入道御書…………………177・179
1336 生死一大事血脈抄………………162・164
1338 草木成仏口決……………………164
1340 最蓮房御返事……………………164
1344 ○祈禱抄…………………………7・163
1356 ◇祈禱経送状……………………170
1358 諸法実相抄………………………164・170
1375 ○地引御書………………………223
1378 ◎松野殿御消息…………………190
1381 松野殿御返事……………………192
1388 ◎松野殿御返事…………………198・206
1406 妙法比丘尼御返事………………56
1425 治部房御返事……………………222
1427 ◎盂蘭盆御書……………………199

0991 ◎諸経と法華経と難易の事……218
0993 ◇富城入道殿御返事……………127・222・224
0995 ◎治病大小権実違目……………**188**・189・208・226
1000 ◎転重軽受法門……………………121・155
1014 　太田左衛門尉御返事…………207
1021 　三大秘法禀承事………………226
1026 ◎曾谷入道殿許御書……………121
1040 ◎法蓮抄…………………………159・183
1055 　曾谷殿御返事…………………192
1059 　曾谷殿御返事…………………212
1065 ◇曾谷二郎入道殿御返事………224
1070 　秋元殿御返事…………………154
1071 　秋元御書………………………218
1079 ◎兄弟抄…………………………177・182・186
1089 ◎兵衛志殿御返事………………184
1090 ◎兵衛志殿御返事………………57・185・**188**・198・200
1095 ◎兵衛志殿御書…………………184
1097 ◎兵衛志殿御返事………………208
1098 ◎兵衛志殿御返事………………189
1105 　大夫志殿御返事………………223
1105 　八幡宮造営事…………………222
1113 　四条金吾殿御消息……………155・158
1114 　同生同名御書…………………163
1116 　四条金吾殿御返事……………163
1124 　経王殿御返事…………………170・**175**
1132 　主君耳入此法門免与同罪事…177・**181**
1136 　四条金吾殿御返事……………182
1137 ○王舎城事………………………182
1139 　四条金吾殿御返事……………184
1143 　四条金吾殿御返事……………191
1144 ◎四条金吾釈迦仏供養事………191
1148 　四条金吾殿御返事……………192
1150 ◎四条金吾殿御返事……………200
1153 ◇頼基陳状………………………76・105・151・154・198・199・201・**204**
1163 ◎四条金吾殿御返事……………199・203
1165 ○四条金吾殿御返事……………200・202
1170 　四条金吾殿御返事……………200・202
1170 ○崇峻天皇御書…………………199・202
1175 　四条金吾御書…………………190・192・206
1178 ◎中務左衛門尉殿御返事………189・200・208
1183 　四条金吾殿御返事……………209
1185 　四条金吾殿御返事……………209
1189 ◎聖人御難事……………………33・96・129・213・216・217
1192 　四条金吾殿御返事……………214
1195 　四条金吾許御文………………219

0293 ◎報恩抄……………………………55・59・96・97・125・128・176・178・191・193・**195**・196
0330 報恩抄送文……………………191
0331 ◎法華取要抄…………………125・176・177・**180**
0338 ◎四信五品抄…………………125・198・**203**
0343 ◎下山御消息…………………43・117・125・198・200・**204**
0365 ◇本尊問答抄…………………6・8・11・125・208・**210**
0383 一生成仏抄……………………102・**103**
0390 ◇一代聖教大意………………108・**110**
0438 教機時国抄……………………126
0461 持妙法華問答抄………………128・**129**
0501 ◇如説修行抄…………………170・**174**
0505 ○顕仏未来記…………………170・**174**
0510 ◇当体義抄……………………164
0536 ◇顕立正意抄…………………177・**181**
0544 法華初心成仏抄………………198
0558 三世諸仏総勘文教相廃立……214
0576 ◎諫暁八幡抄…………………219・**220**
0612 一代五時図……………………28・125
0701 御義口伝………………………206
0804 御講聞書………………………207・218
0848 四十九院申状…………………151・207・**210**
0849 ◎滝泉寺申状…………………121・151・212・213・215
0881 善無畏三蔵抄…………………44・45
0893 ○清澄寺大衆中………………96・190・**194**
0902 寂日房御書……………………213
0909 ○種種御振舞御書……………120・160・162・176・179・181・191・**195**・221
0926 ◎光日房御書…………………176・190・193
0932 ○光日上人御返事……………222
0935 四恩抄…………………………126
0940 ◎法華経題目抄………………138
0950 ◎土木殿御返事………………155
0951 ◎寺泊御書……………………156・160
0955 富木入道殿御返事……………156
0956 佐渡御書………………………80・81・163
0962 ◎富木殿御返事………………163
0964 ◎土木殿御返事………………170
0964 ◎富木殿御書…………………177
0965 ◎法華行者逢難事……………176・**179**・180
0969 ◎富木殿御書…………………184
0972 観心本尊得意抄………………185
0974 ◎聖人知三世事………………185
0975 ◎富木尼御前御返事…………190
0985 ◎可延定業書…………………133
0987 四菩薩造立抄…………………212

御書索引

・御書名の前の記号について
　◎真筆が現存する御書
　○かつて真筆があったことが確認できる御書
　◇日蓮大聖人の直弟子・孫弟子の写本がある御書
・太字は、その御書の解説のある頁を示す
・「社会の動き」の欄で、御書の頁数があるものは、この索引に入れてある

御書頁	御書名	本書頁
0001	◇唱法華題目抄	114・**118**・119・125
0017	◎立正安国論	17・27・71・75・98・107・113・114・116・**119**・120・121・125・144・148・165・181・205・227
0033	◎立正安国論奥書	132・148
0033	◎安国論御勘由来	106・108・112・114・142・144
0036	○守護国家論	112・**113**・205
0078	◎災難対治抄	104
0086	◇念仏者追放宣旨事	26・27・28・48・49・62・108
0097	念仏無間地獄抄	28
0104	当世念仏者無間地獄事	132
0117	◎法華浄土問答抄	162
0142	◇真言見聞	6
0169	◇宿屋入道への御状	142・144
0169	北条時宗への御状	144
0170	宿屋光則への御状	144
0171	平左衛門尉頼綱への御状	144
0172	北条弥源太への御状	144
0173	建長寺道隆への御書状	144
0174	極楽寺良観への御書状	144
0174	大仏殿別当への御書状	144
0175	寿福寺への御書状	101・144
0175	浄光明寺への御書状	144
0176	多宝寺への御状	144
0176	長楽寺への御状	144
0177	弟子檀那中への御状	145
0178	◎問注得意抄	148・**149**
0179	◎行敏御返事	154
0180	○行敏訴状御会通	151・154・157・158
0183	一昨日御書	154
0184	◎強仁状御返事	121・185
0186	○開目抄	117・124・125・156・158・162・**167**・168
0238	◎観心本尊抄	99・118・124・125・170・**172**・173・174
0255	◎観心本尊抄送状	170・173
0256	◎撰時抄	6・125・130・178・185・**187**

図表・地図・コラム索引

疱瘡流行……50, **51**
法然…17, 26, **27**, 28, 29, 46, 65, 113, 119, 123, 127, 150, 157, 205
法然の墓を破却……26, **27**
保奉行……72, **73**
法華経義疏……80, **82**
星名五郎太郎……140, **141**
法華堂……40, **41**, 219
本弟子六人……227, **228**
本間六郎左衛門尉重連……155, **159**, 160, 162, 164, 171, 172
本六僧(日興本六)……115, 215

—ま行—
松葉ヶ谷…73, 96, **98**, 116, 117, 119, 158
松葉ケ谷の法難……114, **116**, 123
政所……19, 62, **63**, 70, 149
三浦泰村……80, **81**
源実朝……7, 19, 43, 51
源頼朝…8, 19, 40, 41, 53, 58, 63, 69, 79, 101, 105, 109, 219
身延…115, 120, 121, 167, 177, **178**, 180, 181, 192, 193, 194, 195, 201, 203, 204, 208, 209, 210, 212, 220, 223, 226, 227, 228
無学祖元……212, **216**, 228
武蔵国池上……**227**
宗尊親王……71, 94, **95**, 138, 139, 166
蒙古(軍、使、襲来)…6, **7**, 10, 11, 14, 48, 64, 114, 138, 140, 142, 148, 152, 153, 155, 156, 160, 176, 177, 178, 181, 186, 191, 205, 211, 219, 220, 222, 224
蒙古の国書……142, **143**, 144, 148, **153**, 156, 195
問注所沙汰を廃止……148, **149**

—や行—
宿屋禅門(入道)……15, 114, **116**, 144

—ら行—
蘭渓道隆…74, 96, **99**, 105, 118, 144, 145, 158, 208
立教開宗…11, 45, 55, 67, 96, **97**, 98, 103, 117, 194, 216, 217
隆寛……26, 27, **28**, 29
滝泉寺院主代行智……192, 212, 213, **214**, 215
竜象房……198, 200, 201, 204
良観房忍性…94, **95**, 124, 127, 140, 144, 145, 154, 156, 157, 171, 186, 204, 205
領家(の尼)……47, 96, 97, **99**, 133
良忠……154, **157**
連署…9, 21, 80, 81, **82**, 104, 134, 142, 143, 165, 171, 188, 202
六波羅探題……8, 60, **61**, 165, 166
六老僧……75, 99, 129, 193, 228

—わ行—
和賀江島(造立)……40, **41**, 124
若宮大路……52, **53**, 73, 92, 128
私の御教書……**171**

—な行—

長狭郡東条郷…10, **11**, 97, 99, 109, 132
中山法華経寺
…………120, 149, 150, 173, 180, 188
名越……………73, 100, 114, **116**, 119
名越(北条)朝時
………………72, **73**, 79, 83, 116, 201
名越(北条)光時
……………73, 74, **75**, 76, 83, 166, 201
名越光時と宮騒動………………74, **75**
南条時光…75, 115, 133, 135, 136, **137**, 177, 183, 184, 185, 190, 191, 198, 207, 212, 214, 218, 219, 220, 222, 226
南条兵衛七郎…115, 132, **133**, 134, 135, 136, 137, 177, 182
南都………………………………52, **53**
二月騒動………81, 162, **165**, 166, 201
日向…75, 191, **193**, 195, 218, 227, 228
二十二社………………………142, **143**
日持………………90, 129, 210, 227, 228
日女……………………………199, 208
日妙…………………………………163
日目上人
……110, 114, **115**, 133, 135, 177, 192
日朗………100, 116, 155, 159, 227, 228
日朗等五人投獄………………155, **159**
日興上人…74, **75**, 108, 109, 115, 119, 125, 137, 148, 157, 177, 178, 182, 183, 187, 193, 200, 206, 207, 210, 211, 213, 214, 215, 226, 227, 228
日秀…………………213, 214, **215**, 219
日昭………96, 170, 187, 191, 227, 228
日頂……………………94, 99, 227, 228
念仏僧の婦女子会集禁止……122, **123**

—は行—

波木井実長…75, 148, 178, 193, 201, 223
母妙蓮……………………133, 140, **141**
比叡山遊学………………………66, **67**
引付衆…………86, **87**, 94, 126, 149, 171
引付衆を五方に………………148, **149**
引付衆を廃止…………………138, **139**
評定衆…17, 18, **19**, 20, 21, 43, 58, 64, 65, 73, 81, 113, 138, 139, 149, 166, 171, 194, 203
病身の母の寿命を延ばす……132, **133**
藤原定家……………………39, 43, 216
藤原頼嗣………………23, 51, 70, **71**, 94
藤原頼経…22, **23**, 51, 69, 71, 74, 75, 76
船守弥三郎………………122, 123, 129
フビライ…7, 114, 140, 153, 160, 185, 186
文永の役……143, 160, 177, **179**, 186, 224
文永の大彗星…………………132, **134**
宝治の合戦……………………80, **81**
北条貞時……………………83, 157, 171
北条実時→金沢(北条)実時
北条重時…77, 78, 80, **81**, 83, 104, 105, 123, 124, 129, 145, 158, 188, 194, 202
北条親時………………………83, 201
北条経時………………66, **67**, 70, 74, 83
北条時章……83, 149, 162, **165**, 169, 201
北条時輔…………83, 159, 162, 165, **166**
北条時広……………………149, 169
北条時房
…6, **9**, 20, 21, 40, 62, 77, 78, 82, 83, 113
北条時政……………………8, 19, 83
北条時宗…77, 78, 82, 83, 116, 129, 134, 142, **143**, 144, 157, 158, 164, 165, 166, 169, 190, 202, 215, 216, 219, 227, 228
北条時頼…67, 70, **71**, 74, 76, 77, 78, 80, 81, 82, 83, 95, 99, 104, 105, 114, 116, 118, 119, 128, 129, 134, 145, 158, 166, 194
北条朝直………76, 77, 83, 112, **113**, 132
北条長時… 76, 77, 81, 83, 92, 93, 104, **105**, 123, 124, 134, 145, 202
北条業時…………79, 83, 124, 169, 188
北条宣時……77, 83, 159, 169, **171**, 172
北条教時……83, 162, 165, **166**, 169, 201
北条政子
………8, 18, **19**, 79, 83, 101, 108, 145
北条政村…17, 71, 77, 78, 83, 132, **134**, 142, 143, 169, 170, 194
北条光時→名越(北条)光時
北条宗政……………………83, 192, **194**
北条泰時…6, **9**, 16, 17, 19, 20, 21, 40, 41, 43, 56, 66, 67, 73, 76, 77, 82, 83, 134, 145, 201
北条義時…6, **8**, 16, 17, 19, 40, 41, 73, 77, 78, 83, 116, 194, 219
北条義政
…77, 83, 149, 169, 188, 198, **202**, 203

最蓮房…………162, 163, **164**, 165, 170
佐藤業時……………………………64, **65**
佐渡流罪(配流、遠流)…155, 158, **159**, 160, 167, 168, 171, 172, 174, 176, 178, 181, 193, 195, 205, 209
三大秘法……179, 180, 187, 196, 216, 220
三位房………148, 149, 150, 182, 198, 201
山門……………………………58, 62, **63**
山野河海………………………112, **113**
慈円………………………………18, **19**
自界叛逆難………120, 144, 162, 165, 166
四角四堺祭………………………40, **41**
四条金吾…15, 73, 76, 104, **105**, 149, 155, 162, 163, 166, 167, 177, 181, 182, 184, 189, 191, 192, 198, 199, 200, 201, 202, 204, 206, 208, 209, 214, 219
四条金吾への激励・指導…………**201**
地頭の荘園押領禁止……………10, **11**
十字軍……………………30, 84, 85, 152
授決円多羅義集唐決……………56, **57**
守護……………………73, 108, **109**, 110
十間四面の大坊………………201, **223**
出世の本懐………………**215**, 216, 217
寿福寺………80, 100, **101**, 108, 144, 145
順徳上皇……………………7, **9**, 66, 209
正嘉の大地震………106, **107**, 119, 134
承久の乱…6, **8**, 9, 11, 15, 19, 23, 41, 43, 61, 69, 81, 82, 211
浄顕房・義城(浄)房
…………………96, **97**, 191, 195, 210
浄光の鎌倉大仏造営………56, **57**, 145
浄光明寺………………92, **93**, 144, 145
勝長寿院……………………59, 104, **105**
所領回復令……………………140, **141**
神四郎………………157, 206, 213, 215
神泉苑…………………………170, **172**
新勅撰和歌集……………………42, **43**
神人………………………………62, **63**
新補地頭…………………………14, **15**
親鸞……………………27, 65, 126, **127**
西夏……………………………22, **23**, 26
清澄寺…11, 44, **45**, 46, 55, 56, 96, 97, 117, 190, 191, 193, 194, 195, 210
石塁……………………………190, **193**
是聖房……………………………54, **55**
殺生禁断…………………………72, **73**
宣旨………………………………26, **29**
専修念仏禁止……………16, **17**, 48, **49**
千日尼…………156, 184, 208, 209, 219
宋(南宋)…7, **9**, 11, 23, 48, 74, 182, 190, 212, 216, 228
僧綱……………………………122, **124**
続拾遺和歌集…………………214, **216**
曾谷教信
……114, **117**, 118, 183, 185, 192, 212

—た行—

平頼綱…15, 144, 154, **157**, 178, 181, 213, 215, 217
平頼綱と会見…………………176, **178**
他国侵逼難…………………120, 144, 222
大宰府…………………142, **143**, 170
竜の口の法難…95, 99, 105, 116, 130, 155, 157, **158**, 159, 168, 171, 195, 221
父妙日…………………………108, **109**
趙良弼……153, 155, **160**, 162, 163, 170
チンギス・ハン
…7, 16, 18, 22, 26, 32, 68, 92, 114, 115
塚原三昧堂……………………156, **160**
塚原問答………………………162, **164**
土御門上皇…………7, **9**, 14, 51, 82, 166
鶴岡八幡宮…………53, 58, 62, **63**, 222
鶴岡八幡宮焼亡………………219, **220**
寺泊…………………………156, **160**, 176
伝教大師(最澄)………31, 67, 179, 180
道元…………………46, 65, 80, **82**, 96
道元の鎌倉入り…………………80, **82**
東国に霜降る……………………38, **39**
東寺…………………58, 59, 63, 172, 178
東条景信………11, 55, 81, 96, **97**, 133
銅銭………………………………22, **23**
道善房………54, **55**, 97, 193, 195, 196
東大寺と興福寺の対立……………**103**
東福寺…………………68, **69**, 101, 118
富木常忍…15, 96, **98**, 103, 117, 148, 149, 155, 156, 160, 163, 170, 172, 177, 179, 180, 184, 185, 190, 203, 204, 208, 212, 215, 218, 219, 222, 226
徳政令…………………………140, 141
杜世忠…………………182, 184, **186**

● 索引　・太字は、その項目の解説のある頁を示す

—あ行—

赤斑瘡……………………26, **29**, 104
吾妻鏡…………………51, 71, 105, 110
熱原(の)法難…75, 137, 150, 157, 183, 211, 213, 214, **215**, 217, 218, 219
阿仏房
……156, 162, 198, 208, **209**, 212, 219
阿弥陀堂(加賀)法印(定清)
……………58, 59, 106, 176, **178**, 179
庵室………………………………200, **201**
伊賀光季………………………………6, **8**
伊賀光宗……………………………16, **17**
池上兄弟…………………182, **186**, 222
池上宗仲
……104, 186, 192, 200, 206, 223, 227
池上宗長(弟)………184, 185, 186, 200
異国降伏(調伏)祈禱
…………142, **144**, 163, 177, 218, 222
伊豆流罪……81, 105, 122, **123**, 129, 130
伊豆流罪(を)赦免……………128, **129**
伊勢神宮……………………………126, **127**
一念三千…………………130, 167, 173
一谷………163, **165**, 172, 174, 176, 179
一遍…………………………………………65
伊東八郎左衛門…………122, **123**, 129
因幡房日永……………198, **200**, 204
岩本実相寺………75, 108, **109**, 199, 206
栄西……………………………65, 101, 145
叡尊……………95, 126, **127**, 144, 194
依智…………………155, **159**, 160, 221
江間氏
……105, 181, 198, 199, **201**, 202, 204
円覚寺……………………216, 227, **228**
円珍(智証)……………57, 58, 196, 205
円爾…………………………69, 100, **101**
円仁(慈覚)……………………196, 205
延暦寺…16, 26, 27, **31**, 47, 63, 67, 107, 108, 136
大江広元………………………………18, **19**
大田乗明
……114, **117**, 118, 149, 155, 207, 226
越訴奉行…………………………132, **134**
園城寺……………56, **58**, 63, 106, 107
園城寺の戒壇…………………106, **107**

—か行—

篝屋…………………………………56, **57**
梶取・水手の召集……………185, **186**
金沢(北条)実時
…………83, 127, 149, 169, 192, **194**
鎌倉大番制度………………………18, **20**
鎌倉大仏…………………57, 64, 68, 94
亀山上皇……………166, 199, **203**, 216
寛喜の飢饉………………………38, **39**
祈雨の修法…………………154, **156**
行敏……………………………154, **157**
金…7, 9, 10, **11**, 14, 23, 38, 42, 44, 48, 160
空阿弥陀仏………………………26, **28**
九条道家………………23, 68, **69**, 101
窪尼…………………………207, 218, 223
桑ヶ谷問答…………198, 199, **200**, 204
元(軍、使)…7, 9, 156, 160, 162, 163, 170, 177, 179, 182, 186, 190, 200, 212, 222, 226
元寇…………………………7, 153, 193
弘安の役…………………143, 222, **224**
幸西……………………………26, **28**, 29
光日尼(房)…………190, 193, 195, 222
興福寺……………………**31**, 50, 52, 102
興福寺・延暦寺争う……………30, **31**
高野山僧徒の武装を禁止………30, **31**
高麗(使、軍)…40, **41**, 42, 52, 112, 128, 138, 140, 142, 148, 152, 153, 154, 162, 179, 222, 225
虚空蔵菩薩…………………………44, **45**
黒衣…………………………………50, **51**
極楽寺…81, 95, 104, 122, **124**, 140, 144, 145, 182
後嵯峨法皇……………95, 162, **166**, 216
御成敗式目………9, 20, 42, **43**, 54, 123
御遷化記録………………75, 227, **228**
兀庵普寧……………………………115, **118**
後藤基綱……………………52, **53**, 58
後鳥羽上皇…………6, **7**, 8, 9, 43, 51, 60
小松原法難………81, 97, 130, 132, **133**
惟康親王……………………………138, **139**

—さ行—

最明寺…………………………78, 104, **105**

日蓮大聖人《にちれんだいしょうにん》　年譜《ねんぷ》

2000年11月18日　初　版第1刷発行
2002年4月28日　初　版第5刷発行
2010年7月16日　第2版第1刷発行
2018年5月20日　第2版第6刷発行

編　者　日蓮大聖人《にちれんだいしょうにん》年譜《ねんぷ》編纂《へんさん》委員会《いいんかい》
発行者　大島光明
発行所　株式会社　第三文明社
東京都新宿区新宿1-23-5　〒160-0022
電話　03-5269-7144（営業代表）
03-5269-7145（注文専用）
03-5269-7154（編集代表）
振替口座　00150-3-117823
URL　http://www.daisanbunmei.co.jp
印刷所　明和印刷株式会社
製本所　大口製本印刷株式会社

ISBN978-4-476-06151-2